湖南省教育厅"双百工程"一等奖作品

基于学生发展核心素养的学科教育创新

王 彦 ◎ 著

吉林人民出版社

图书在版编目（CIP）数据

基于学生发展核心素养的学科教育创新／王彦著
．－长春：吉林人民出版社，2020.6
ISBN 978-7-206-17134-5

Ⅰ．①基… Ⅱ．①王… Ⅲ．①中小学－教学研究
Ⅳ．① G632.0

中国版本图书馆 CIP 数据核字（2020）第 093237 号

责任编辑：赵梁爽
装帧设计：李新琴

基于学生发展核心素养的学科教育创新
JIYU XUESHENG FAZHAN HEXIN SUYANG DE XUEKE JIAOYU CHUANGXIN

| 著　　者：王　彦 |
| 出版发行：吉林人民出版社（长春市人民大街 7548 号）　邮政编码：130022 |
| 印　　刷：长春市昌信电脑图文制作有限公司 |
| 开　　本：787mm×1092mm　　1/16 |
| 印　　张：7.25　　　　　　　字　　数：200 千字 |
| 标准书号：ISBN 978-7-206-17134-5 |
| 版　　次：2021 年 1 月第 1 版　　印　　次：2021 年 1 月第 1 次印刷 |
| 定　　价：68.00 元 |

如发现印装质量问题，影响阅读，请与印刷厂联系调换。

目录

引 言 1

第一章 教育目的的演变 1
 第一节 美国教育 10
 第二节 日本教育 17
 第三节 新加坡教育 22
 第四节 教育发展整体趋势 25

第二章 信息化背景下的教育 28
 第一节 "互联网+"时代的特征 28
 第二节 大数据与未来教育 31
 第三节 人工智能与深度学习 37

第三章 教育的永恒矛盾：有限性与无限性 45
 第一节 教育有限性与无限性的分类 45
 第二节 教育的有限性和无限性之间的关系 46

第四章 学生发展核心素养 53
 第一节 国内外核心素养研究概况 55
 第二节 什么是核心素养？ 67
 第三节 中国学生发展核心素养项目 71

第五章 学科核心素养 ... 79
第一节 学科核心素养与核心素养的关系 ... 79
第二节 现代学科教学的特质 ... 81
第三节 学科群：把握"学科素养"的一个视角 ... 85

第六章 基于核心素养的学科教学创新 ... 91
第一节 新时期课程改革思路 ... 91
第二节 基于核心素养的学科教育创新机制 ... 96

参考文献 ... 104

引 言

　　教育的目的是什么？到底什么才是真正的教育？是获得知识、掌握技能、取得成功、赢得尊重，还是享受乐趣……不同时代，不同民族，教育面临不同的挑战，也因此获得不同的回答。"培养什么人""怎样培养人"，是我国社会主义教育事业发展中必须解决好的两个问题。为了解决这两个根本问题，自改革开放以来，我国的教育就在不断调整和更新教育理论及行为。其间，出现了一些大家耳熟能详的反映教育理念、引导教育行为的高频热点词汇。梳理这些高频词汇，我们可以看到一个教育理念发展的清晰的脉络。

　　"双基"，通常是指学校教学内容中的基础知识、基本技能，简称为"双基"。双基教学起源于20世纪50年代，主张把基础知识和基本技能作为普通中小学教学内容核心的课程理论。双基教学在60年代至80年代得到大力发展，80年代之后，不断丰富完善。双基教学的历程即教学大纲的演变过程。大纲规定了教学的内容，基础知识和基本技能都被大纲所确定，双基教学一定程度上来源于大纲，并以大纲为唯一导向。大纲中对知识和技能要求的演进历程也是双基教学理论的形成轨迹。双基课程理论植根于中国大地，几十年来随着教学大纲对双基要求的不断提高，渗透到教育教学活动中，对我国当代的课程实践产生了全面而深刻的影响。教给学生基本知识与基本技能的双基教学，在一定历史时期，对我们的教育发展起到重要的作用，是教育的重要目标之一。时至今日，现行中小学课程的优劣与"双基论"有着密切的关系。时代在发展，"双基论"的影响在当下越来越呈现其局限性，我们需要对此辩证对待。在批判和规避其时代局限性的同时，还应该客观理性地来评价，并做到在吸纳其理论精华的基础上结合时代的辨析，适当取舍、扬弃。教育的发展始终要坚持"教育行为要有利于学生心智的发展与成熟"这一基本原理，否则，教育行为就会被异化，不仅不能促进人的发展，反而会制约和阻碍人的成长。

"素质教育",则是在我国20世纪80年代中期提出,于80年代末90年代初在社会及教育界得到确立的。21世纪初,知识经济初见端倪,时代更迭,人才的竞争是世界各国在科技竞争、经济竞争等各方面角力的基础,多方博弈日趋激烈,劳动者素质的高低一定程度上决定了国力的强弱,各国在世界竞争中的地位越来越取决于各类人才的质量和数量,教育在综合国力形成中处于基础地位,重要性凸显,承担着培养高素质人才的重任。在知识经济的挑战面前,现行教育各方面都捉襟见肘,难以满足国家和社会发展的需求,无论是在体制、结构、人才培养模式还是教学内容、教学方法上都与培养现代化建设需要的创新人才有较大差距。顺应时代的需求,素质教育的全面实施,使基础教育回归到它本来的属性,真正为人的发展奠基,教育得以返璞归真。长期以来,基础教育一度片面追求升学率,在这一目标引导下,教育教学行为出现乱序和失范,严重干扰了其正常的发展,被异化成"应试教育"。这种异化"使基础教育的本质属性和基本特征逐步被扭曲,背离了教育教学的基本规律,在一定程度上破坏了教育、教学秩序和规范,导致了学生素质的片面发展或畸形发展"。因此,基础教育由"应试教育"向"素质教育"的转移是时代的召唤,也是历史赋予的重任。而转移的过程,实质上也就是基础教育回归自身、重新定位、寻求自身本质属性和基本特征的过程。

"三维目标",即三维课程目标,包括"知识与能力、过程与方法、情感态度价值观"三个维度。三维目标是在继承双基教学的基础上产生,符合新课程改革的理念,既有对传统的继承,又有适应发展的发扬和创新。双基教学在社会发展的推动下,其内涵界定与外延被赋予了新的解释。在新时代和新阶段提倡三维目标的背景下,我们重视培养学生的创新精神和实践能力,但并不意味着我们不重视学生对基础知识和基本技能的掌握,我们要思考新形势下究竟什么是基础?应当打好什么样的基础?学生应该具备什么样的基础知识和技能以适应各方面的需求?以往有些人对基础的理解过于狭窄,将基础扎实仅仅理解为知识数量的堆积。其实,新课程下的三维目标从一开始就没有淡化或忽视双基,只不过是以一种全新的视野去审视双基,对基础知识与基本技能的概念进行了重新定位。

"立德树人",是十八大以来,党中央、国务院确定的教育的根本任务。十九大及全国教育工作大会再一次明确教育的根本任务是立德树人。"立德树人是发展中国特色社会主义教育事业的核心所在，是培养德智体美劳全面发展的社会主义建设者和接班人的本质要求"。要把立德树人根本任务落到实处，必须首先回答好"立什么德、树什么人"这一关键问题，必须要把党的教育方针的宏观要求细化为具体的人才培养目标。而研制中国学生发展核心素养的根本出发点就是为了立德树人。

"核心素养"，是在新一轮基础教育课程改革中为迎接课堂转型的挑战而必须面对的一个重大命题。学校教育是面向未来的事业，为未来生活做准备，教育指向幸福的价值观，使国民核心素养的培育成为重要的课题，核心素养指导、引领着中小学课程教学改革实践，既是课程改革的出发点，又是课程改革的落脚点。可以说，没有核心素养，课程改革就缺了灵魂。核心素养的概念不是凭空捏造的，是一种持续的多学科、多领域协同研究的集成，其实质是从学生学习结果的角度界定未来社会所需要的人才形象，历来受到国际教育界的关注。

以上这些概念的提出，都基于独特的时代背景和一定的教育现状，符合当时的现实需求。我们弄懂其发展脉络，了解这些热词背后的逻辑及其内涵与本质，能更好地帮助我们主动迎接时代的挑战，从而实现为国家和社会培养人才的目标。

培养什么样的人，如何培养这样的人，是教育的两个终极命题。教育的目的是什么，抵达教育目的的方法有哪些，是贯穿所有时代的教育理念和行为的两个重要问题。

第一章 教育目的的演变

教育的根本目的是培养人。培养什么样的人？每个时代都给出了不同的答案。"思考教育的目的，事关我们下一代的成功或失败，他们将如何塑造我们这个世界。这绝不是小事。"（茅于轼）思考教育的目的，需要我们回到一个最初的问题，即：教育从何而来？

根据人类改造自然活动的发展进程来看，人类历史大致可以划分为四个时代，即采集时代、农业时代、工业时代和信息时代。采集时代，指的是主要靠采集天然物（植物、动物）来满足基本生活需求的时代。在这个时代，人类的创造性有所萌芽，但能动性还很差，工具的作用主要在于获取自然界野生的植物和小动物，以满足衣食的需要。进入到农业时代，为了满足不断增加的衣食消耗，人类开始想办法增加天然物的数量，会选择从事增加天然物数量的活动。各种农作物本来是自然产生的，但人们运用工具进行耕种播种，不仅增加了农作物产量，还驯养牲畜，这些农业时代的活动较采集时代丰富了很多，能动性也随之增强。通过漫长的探索，人类到了工业时代，自此开始进入真正的人类创造时代。这个时代，人们开采天然物，进行加工制作，生产出各种生产、生活用品，工业活动创造出大量的物质财富，极大地丰富了人类的生活，从而使人类真正成为一种区别于动物的高级物质形态。目前，人类进入到另一个崭新的时代，即信息时代，也称高智能时代。工具的自动化、智能化，社会活动的信息化，对宇宙、海洋的探索与征服，不断拓宽人类探索和活动的边界，充分体现了人类自由的本性，人类对自然的改造达到一个新的水平。

从人类发展的历史看，对自然进行改造并不断实践的发展是人类向前发展的实质。改造自然的发展因此显得尤为重要，应该列为人类发展各方面之首。从人类发展的实质上看，社会革命不过是具有新的实践特性、掌握了新的生产力的人，其社会化过程所达到的水平能够取代前人的社会化程度的标志。一定程度上，不同历史时期的社会革命是由人类改造自然催生出来的。所以我们可以从人类改造自然的发展中划分人类历史的阶段。

人类改造自然的过程，是将工具与自身实践活动不断结合的过程。在这个过程中，也形成人的不同发展阶段，这就是原始采集人、农业人、工业人和信息人。人的发展，表明人类在不断地发生量的变化和局部质变。不同阶段的人，运用的工具不同，掌握的知识不同，拥有的技能不同，从事的实践活动也不同，而这些都和不同层次的文化水平相适应，与实践能力的提高相适应，与教育发展的不同层次相适应。

如前所述，人类所经历的是漫长的采集时代。这个时代的教育活动隐含在生活中，和生活融成一片，教育即生活，生活即教育，到处如此，世代如是。人们生活在其中，习焉不察，并不知道社会生活中还有什么教育存在。在文字出现之前，人类以采集和狩猎为生，父母会通过亲自示范来教授子女生存的技能，并尽可能地在这个过程中加入游戏的元素。不管是对动物界的狮子还是早期人类来说，父母示范教授形式的教育在其生存和生命中都有着非常重要的地位，只有通过学习父母的示范、学会并掌握了所需技能的后代才能够不断地繁衍生息、壮大族群。而面对热带草原、冰山高原等恶劣的自然气候和环境，那些精力不集中或没有学会捕猎等生存技能的动物幼崽则无法存活太久。早期人类的处境与动物的处境也没有多少差别，学习生存技能的失败会直接导致死亡。

在人类早期，为了生存的教育活动在人们的不知不觉中发生，并在人们的不知不觉中起着传递社会文化的重要作用。这种教育在人类历史上出现得最早，形式最简单，层次最低，但作为一种体系和形式，它却广泛且长期地存在着，并不仅仅发生在采集时代，不只以采集时代为限。从历史全貌和总体来看，人类教育长期处于这样"不知而行"的自在状态，在极其漫长的历史阶段里，人们并不具备把教育现象、教育活动从社会总体现象、总体活动中拆析剥离出来，并进行认识和控制的能力和条件。其主要根据是因为其教育形态太简单，加之自然经济生产力不发展，它严重地限制着人对客观事物和对社会现象的认识能力，也包括对教育的认识和把握能力。人们习得知识和技能，从父母那里接受熏染，国际上有教育家把这种原始教育称为一种"非进取性的适应性的教育"，这里所谓的"适应性的教育"是指人通过自发的活动，发展自身以达到适应自然环境和社会生活的目的。文化在其最初的意义上就是一种适应机制,它"使人调整自己的反应方式,即创造一种比以反射和本能适应更为灵活有效的、新的习惯和再适应的方式"。随着生产力水平的提高和人的主体能力的增强,教育的进取性逐渐占据主导地位,适应性则逐渐减弱,教育在表现形态上分化出许多层次,并且产生了今天有目的、有组织、有计划的学校教育这样一种具有高度自觉性和高度进取性的教育形态。

采集时代末期,随着社会生产力有了一定程度的发展,社会财富相对地有所增加,人们在社会生活中不知不觉地积累、创造,需要传播和传递的经验、知识和文化多起来了,文字也创造出来了,于是,人类教育就进入了一个新的发展阶段——自觉地从事教育活动、以学校教育为标志的新阶段。

在这个过程中,因为语言的发展,从根本上改变并扩充了我们分享信息的方式,社会也因此变得更为复杂和多元化,很多领域所需的知识和技能已经超出了父母的能力范围,他们无法单凭自己的力量将一切都教给子女,于是,不同形式的学徒制教育应运而生。在人类历史上,学徒制教育的出现首次将教育的部分责任从父母身上转移了,这也引起了人们的思考:在对子女的教育中,父母和外界的教育机构到底起到了怎样的作用?有关这一问题的争论从未停止。学徒制教育摒弃了家庭成员之间的情感交流,并首次明确了师父/老师和学徒/学生之间的等级差别——师父制定规则、传授知识,学生遵守规则、学习知识。

学徒制是一种自觉主动学习,且通过实践来学习,即学徒观察并模仿师父的技巧和策略。学徒制教育在一定程度上合理地延续了原始的学习方法,即子女通过模仿父母的行为来学习。学徒制代表了这样一种教育理念:教育应该具有实践性,其目的应该是帮助学生掌握技能、获取信息,使他们能够谋生。这种教育方式在几千年前就出现了,并被人们沿用至今。

随着教育由"不知"走向"自觉",其目的也越来越凸显。学徒制的出现,代表教育的实践性,诠释教育的目的应该基于帮助学生掌握生存的能力和本领。而与之对立的理念则是教育应该具有神圣性,是一种对知识的崇高追求和对自我满足的实现。

后一种理念的杰出代表群体当属古希腊的雅典人。在对话录《高尔吉亚篇》中,柏拉图受到亦师亦友的哲人苏格拉底的启发,做出了这样的描述:放弃众人向往的荣誉,我自为追求永恒的真理。显然,这句话具有挑衅意味,批判了对教育实践性的单纯追求。而亚里士多德在《形而上学》的开篇即说:"求知是人类的天性。"他所说的是要为了追求知识而学习,他认为追求知识是人类最基本的自然属性,而并没有提到人类为了自己的生存该掌握哪些具体实用的技能。不同的教育目的影响着教育内容和形式的差异。

古往今来,教育会在不同的地点以不同的方式进行传递。古希腊人四处漫游,或者坐在橄榄树下交流观点,直到酒喝尽了为止。中国古代的孔子带领弟子游学,"莫春者,春服既成,冠者五六人,童子六七人,浴乎沂,风乎舞雩,咏而归。"学徒们则在大师的工作室中学习。早期的大学将少数享有特权的人聚集在一起寻求深奥问题的答案,其中的大部分学生都是有钱人家的子弟或者亲戚,他们的早期教育往往是在家中完成的。我们如今所知的"小学"和"中学"到底是什么时候、在哪里出现的呢?这些教育方式到底从何而来?

进入奴隶社会之后,脑力劳动和体力劳动分家,促进了文化知识的发展,给学校的建立提供了前提条件。国家出现之后,学校的产生也是为了适应统治阶级的需要。学校,"这个标志着人类自觉从事教育活动的崭新机构,它使人类远古时代的教育活动从无形到有形,从分散到集中,从自发到自觉,从低层次进入一个高层次,从对人的随机性的、无计划的影响到有目的的、有计划的造就和培养"。学校这个崭新机构的出现说明了人类教育开始进入一个新质阶段。至此,人类社会不仅有口耳相传的以语言为传播介质和个体单一对话式的教育,还有以文字为传播介质的间接知识的传授。这种基于学校传递人类文化的传播形式所产生的作用更为久远,推进人类文化进步和历史发展的作用更大、更深远。

学校教育产生之后的发展过程,同样要遵循"从低级到高级、从简单到复杂、从自发到自觉的发展规律"。在学校产生、发展的初期,它仍然要在人们无意识状态中自发地存在着、发展着。"自然经济的生产力既不可能为发展学校教育提供充足的财力,它在本质上也并不需要学校培养出来的读书人。"从18世纪中叶起,在欧美一些主要资本主义国家,先后发生了以机器生产代替手工劳动、以机器大工业代替工场手工业的重大变革。这就是资本主义的产业革命,也叫工业革命。"机器大工业的建立,产业革命的完成,使资本主义生产方式最终战胜了封建制生产方式,社会生产力得到了迅猛的发展"。于是,人类进入了一个崭新的工业时代。

从18世纪中叶到20世纪40年代末,这200多年的时间是近代生产力大发展的时期。在此阶段,人类实现了飞跃式技术进步,生产力发生了一次巨大的变革，升级为第二代生产力，即机器生产力。"这个大阶段也可以细分为蒸汽时代和电力时代等较小的阶段，但整个大阶段同样也有基本的和共同的特征，即以效率很高的机械工业作为整个生产力的基础。"与此相适应，"产业结构也一改手工时代的旧观，变为以工业为主导和主体，能源基础由简单的自然力，成为经过再开发的二次能源，特别是具有极大优越性的电能。整个生产力系统找到了当时最优越的劳动方式，即专业化协作的集体劳动方式。"于是，在这种社会经济背景之下，学校教育事业发展的规模和速度达到了一个空前的高度。普及学校教育的实施，在这种生产力的条件下成为现实的任务。这除了生产本身要求劳动者受教育这个原因外，还由于社会生产力的高度发展创造了巨大的财富，为教育事业的大规模发展提供了人力、物力和财力的保证。

从 20 世纪 50 年代开始，一些发达的国家如美国、日本等，已率先开始了向人类第三代生产力的过渡。这个大阶段的第一个小阶段已经开始并且可以命名为"信息时代"。对比第二代生产力而言，这第三代生产力的基本特征是以最先进的智能机器体系为整个生产力的基础。如果说第一、第二次工业革命是动力革命，那么第三次工业革命就不仅仅是动力革命，而是一场信息革命了，实现了从工业时代到数据时代的转变。这是两个完全不同的时代。工业时代是知识驱动，知识的竞争；而数据时代，是智慧驱动，是想象力和创造力，是责任、领导力、担当力的竞争，是独立思考的竞争。"教育是一种社会现象，离开了社会历史，教育是难以被理解的。教育的发展与科学活动密切相关，科学技术的进步不仅改变着世界和教育，也引起了人类对教育的认识和态度的深刻改变。"本来，"人的本质力量的形成是一个历史过程，人的本质力量的外化同样是一个历史过程，人对自身本质力量的确认也是一个历史过程，三者统一于生产实践和科学技术的发展过程之中。人类的总体倾向起初是指向客体的，这是与人类童年时期对环境的宿命相适应的。人类意识的总体倾向逐渐转向人类自身，这是与主体力量的不断增强相适应的。"历史发展到今天，人类主体意识已由"盲目"变为"自觉"，人类主体的地位已成为时代的主题。

教育在经历了一个长期的复杂发展过程之后才演变成今天我们所熟知的教育模式，而且仅凭任何一卷书都无法对这一教育发展过程做出准确的描述。当历史的车轮驶进 21 世纪，人们会想当然地认为，在工业化国家里实施中小学教育基本上是一件很容易的事情了，因为一套整体的文化背景已经在这些国家形成了，其特征如下：各级各类的学校，优良的师资队伍，合理的课程设置，系统化的评估与考核制度以及针对特殊需要学生的支持系统。显而易见，工业化国家的整体化教育状况与公元前5世纪现代西方文明之初的希腊城邦的教育情况已经完全不同了。

近代工业化国家的教育状况，与教育内容"综合化—分科化—综合化"的发展模式相适应，教育目标也经历着"从通才到专才再到通才"的辩证发展过程。

20世纪40年代，世界教育分为以美国为代表的通才教育和以苏联为代表的专才教育。十月革命后，苏联的专才教育获得了相当的成功，对经济复兴起了巨大作用。由于新的技术革命的发展，综合化和一体化成为现代科学发展的显著趋势，它向人们提出：时代需要通才，教育必须造就一代新人。美国历年获得诺贝尔奖的科学家的人数，在1901—1978年，发展了通才教育的后30年要比前40年多5倍以上。在另一项调查中也得出了同样的结论：通才取胜。纵观历史可以看出：古代通才取胜，近代专才取胜，而现代则是专才基础上的通才方能取胜。

通才教育可向学生提供一个合理的知识结构，学生通过广泛的社会科学、自然科学和专业知识的学习，有助于综合能力和创造思维的养成，有利于正确价值观念和良好品质的培养，使他们懂科学、有文化、有胆识和有优良品性，还有利于人的全面发展，具备多种能力。

不仅如此，在教育活动中，教育传递的手段和形式，也经历了从直接传递到间接传递的产生。人类社会初期，发展缓慢，信息量小，教育活动中的信息传递是通过人与人之间的直接联系来进行的，即人与人之间在实际生活中是通过示范、模仿、谈话、交往、接触等方式进行的，不论纵向还是横向的传递都是这种口耳相传的直接传递形式。这种传递形式时间最长，整个采集时代都靠这种传递手段，时间长达300万年之久。

采集时代解体之后，进入了文明时代，以学校和文字的出现为主要标志，教育活动出现了以文字为手段的间接传递形式，于是在整个农业时代，存在着间接传递和直接传递两种形式。

现在，随着教育和社会经济、科学技术的不断进步，以及信息量的空前增多，教育活动中信息的间接传递形式得到了充分发展。图书、报刊、电影、电视、广播、电教手段等知识媒体的广泛利用，使得人类教育活动空前活跃，实际上它成了"一种通向认识途径和通向生活途径的双通道，并促使教育地点分散化"。由于社会的信息化，教育将由"集中在城市和学校的原有模式而趋向于地理和社会空间的分散形式"。一个家庭就可能是一个教育单位。在学校这块园地将继续存在的同时，由教育化的社会和社会化的教育所形成的各种不受时间、空间、地点限制的教育形式，将广泛而普遍地出现。没有围墙的学校将会组成学校的围墙，分布于整个世界。在社会生活中随时随处都可以得到教育信息，受到教育影响，纵向传递和横向传播的相互统一和相互促进，教育在社会生活的各个方面、在人的成长的各个时期发挥着越来越大的作用，社会发展、教育发展、人的发展达到和谐一致，这是教育发展的高级阶段。

社会的发展从来不会止步。当今世界正处在一个大发展、大变革、大调整的时期。进入 21 世纪以来，科学技术的迅猛发展，经济版图的不断重构，国际关系的深刻调整，人类生存环境的相互依存，都对教育产生了深远的影响。其中，既有机遇，也有挑战。一方面，教育的条件保障更加有力，教育的方法手段更加多样化，学校课程内容更加丰富，学习方式更加便捷高效，再加上教育国际交流与合作不断深化，这些都意味着更多的教育机会；另一方面，外部环境不断转型和急剧蜕变，对既有的教育格局带来巨大挑战，特别是随着日新月异的信息技术以及教育的融合发展，迫切需要在教育思想理念、人才培养模式、学校组织架构、课程实施方式等方面实施新的变革。

置身这样一个快速发展、快速变革的时代，我们必须及早思考和谋划未来的教育。在未来发展中，教育应该起到什么样的作用？面向未来的世界，教育应该做出什么样的变革？在未来的社会，人们究竟需要什么样的知识技能？若干年以后，教育将呈现出一幅什么样的图景？对这些问题的回答，不仅直接关系到未来教育的发展，还直接关系到我们今天将要做出什么样的选择，将要采取什么样的行动。

教育"是一项具有悠久历史的人类活动，是推动社会进步的重要力量，也是人类文明的重要结晶"。思考和谋划未来教育，必须认真总结回顾人类教育的历史进程。几千年来，人类社会已经发生了天翻地覆的变化，教育也随之发生了许许多多的改变，特别是伴随着工业革命的到来，教育发生了全方位的变革，公共属性不断增强，逐步形成了不同于古代教育的现代教育。

但不管教育随着社会的变化如何发展，它作为培养、塑造人的活动，在漫长的历史长河中，沉淀了许多精髓，应该有许多始终不变的坚守。从坚守的角度，

"教育必须保持定力，始终坚守教育的本真"，比如"教育的根本目的是培养人，既要传授给学习者知识技能，还要对其进行价值引领和人格塑造，促进其全面而自由地发展"。无论未来社会如何发展变化，教育对这一点都要恪守。教育绝不能丧失价值立场，成为纯粹的工具。我们要理解，"文化是思想的活动，是对美和人类情感的感受。零零碎碎的信息或知识对文化毫无帮助。如果一个人仅仅是见多识广，那么他在这个世界可以说是最无用且无趣的。我们的目标是，要塑造既有广泛的文化修养又在某个特殊方面有专业知识的人才，他们的专业知识可以是他们进步、腾飞的基础，而他们所具有的广泛的文化，使他们有哲学般深邃，又有艺术般高雅"。我们必须要记住："自我发展才是最有价值的智力发展。学生是有血有肉的人，教育的目的是为了激发和引导他们的自我发展之路。""不能让知识僵化，而要让它生动活泼起来"——这是所有教育的核心问题。"最理想的教育取决于几个不可或缺的因素：教师的天赋、学生的智力类型、他们对生活的期望、学校的外部（邻近环境）所赋予的机会，以及其他相关的因素。教育的成就取决于对诸多可变因素的精妙的调整，因为我们是在与人的思想打交道，而不是与没有生命的物质打交道。""激发学生的求知欲，提升其判断力，锻造其对复杂环境的掌控能力，使学生能够运用理论知识对特殊事例做出预见——所有这些能力的塑造，不是单靠几张考试科目表中所体现的几条既定规则就能传授的。"人的大脑不是被动地接受知识，它是永恒活动着的，能对外部的刺激做出最精密的反应，你不能像对待工具一样，把它磨锋利了才去使用它。"不管学生对课程有什么样的兴趣，这种兴趣必须在此时此刻被激发；不管要加强学生的何种能力，这种能力必须在此时此刻得到练习；不管你想怎样影响学生未来的精神世界，必须现在就去展示它。教育是一种需要在细节掌握上耐心又耐心的过程，一分钟又一分钟，一小时又一小时，一天又一天，一年又一年，反反复复，学习无捷径。"有一句谚语可以用来形容这种困难："见树不见林"，这种因为有了树而对"见林"带来困难，就是我们需要强调和引起重视的。教育的问题是——如何让学生借助于树木来认识树林。

学校是什么样的？教育是什么样的？"学校要关心对整个人的培养。这些教育中心必须帮助学生和教师自然地绽放。绽放是很重要的，否则教育就会仅仅成为适应工作或某种职业的机械过程。作为目前的社会现实，工作和职业是必要的，但是如果我们过于强调这一点，那么自由之花就会逐渐枯萎。我们已经过于强调考试和成绩了，那不是建立学校的主要目的。这并不意味着学生的学业应该被削弱，恰恰相反，随着学生和教师的绽放，工作和职业将获得它们合适的位置"。

学校要始终坚持培养完整的人的生活方式。我们的教育主要是为了获取知识，这正在让我们变得越来越机械，我们的心都在沿着狭窄的轨道运行。我们的生活方式都在让我们的心变得越来越狭隘、局限和不完整。"只有当理智、情感和身体三者处于完全的和谐时，心灵的绽放才会自然地、不费力地、完美地到来。这是教育的目的所在。"教师的最高职责"不只是要带来学术上的优秀，更为重要的是带来学生和老师自己心灵的自由"。在我们的学校里，"教育不仅是要获取知识，更为重要得多的是让智慧觉醒，然后智慧会利用知识，而绝不是相反。在所有这些学校里，让智慧觉醒是我们的重心。在学习中既没有教育者也没有被教育者，只有学习"。

"教育就是解放心灵，是要把心灵从'自我界限'之内、'自我'的有限能量中解放出来。"教育不仅要传授各种学术课程，还要培养学生完全的责任感。

在任何学校里，我们中的大多数都在获取知识和信息。这就是目前为止学校存在的目的——获取大量的信息，关于外面的世界，关于天空为什么是蓝色的，海水为什么是咸的，鸟儿为什么会飞，树为什么会成长，花为什么有颜色……以及有关人类，他们的解剖结构、大脑的结构，等等；也有关于你周围世界的，自然界、社会环境、经济状况等等，很多很多。这些知识是绝对必需的，但知识总是有限的。无论它将如何演变，知识的收集永远是有限的。学习是获取各种学科知识过程的一部分。"学习有两种方式。第一种是先通过学习获取大量的知识，然后再从知识出发去行动。这是我们通常所做的。第二种是去行动，去做，然后在行动中学习。而那也变成了知识的积累。"实际上二者是一样的——从书中学习和从行动中获取知识。二者都是基于知识、经验，而正如我们所说过的："经验和知识一定是有限的"。所以，老师和学生都应该"去发现什么是真正的学习，从自己的局限中解脱出来"。

从变革的角度，面向未来社会，教育绝不能故步自封，绝不能对外部世界的变化熟视无睹，必须顺势而为，做出积极改变。这种变革，不仅包括教育观念层面的变革，还包括教育内容方面的革新，同时还涉及教育制度层面的重构。在观念方面，"在全社会树立与未来社会形态和生产生活方式相适应的教育观念，更加注重终身学习，更加关注学习的效率，更加注重个性化学习，更加尊重个体的教育体验和家庭的教育选择"。在课程内容方面，及时消化吸收对未来社会的新一轮科技革命，对与人类命运共同体休戚相关的内容，将其有机融入教材。在教育教学上，积极利用信息技术，改善学生学习环境，提高教师的信息化应用能力，促进信息技术与教育教学的深度融合，创新教学组织模式。同时，我们还应了解，"社会进化乃是循着由'不知而行'，进而'行而后知'，再进而'知而后行'的历程演进的"。自从科学技术发达以来，人类的社会行为已进入"知而后行"的阶段。在这个阶段，以最先进的智能机器体系为整个生产力基础的第三代生产力的出现，把作为人类社会实践活动的教育推进到了一个新阶段。未来的教育可能在更高的形式上"回复原始社会教育的性质"的局面，至此就真正地可以出现了。

这个阶段的教育，不仅限于对儿童和青年的一般学校教育，它已经发展到包括婴幼儿教育和成人教育在内的终身教育，形成了家庭、学校、社会的整个教育体系。随着社会的不断进步、生产力水平的不断提高，学校教育与社会教育将同步发展，一种有目标、有计划的全民教育将会展现在我们面前。从宏观上讲，"教育将成为全社会的事业，整个社会将成为一个学习化社会，而每个社会成员，均将终身受教育"。

第一节 美国教育

19世纪的前半叶，美国教育经历了一个与人类教育形态正在经历的一切非常相似的转变，即从基于学徒制的体系转到普遍学校教育。正如工业革命导致了普遍性学校教育的发展一样，我们相信知识革命正在引发一个新的终身学习时代的到来。

工业革命将人们从家庭手工业作坊中引入工厂。工业革命前，绝大多数人的身份是农夫；工业革命后，农夫变成工人或其他社会角色。另外，在美国，工业革命将许多移民带入这个国家，导致了城市的急剧扩张。人员结构的改变，社会结构的改变，使教育成了社会凝聚力所必需，通过教育给予新移民一种共同的语言和对美国民主的理解，让其更好地被这个"新社会"所接纳，教育提供了让每一个人都能成功的方式。

长期以来，尽管我们都认为正规的教育体系是文明社会的一个标志，但早期有组织的教育尝试，如希腊的体育馆、中世纪大学和英国文法学校，都只严格限于开放给少数精英学生，持续时间也相对较短。而一些针对实用技能的教育，如怎么种庄稼、做衣服或生产货物，则是学徒制起着主要作用。

19世纪以前，教育主要是父母亲的责任。大多数人是农民，孩子们从父母或其他亲戚长辈那里学会他们所需要的技能，无论是计数、阅读，还是缝纫或耕地，都通过父母亲戚们的示范和传授来学习。这就是学徒体系，子女从亲近的人那里学会所有需要知道的事情。当然，人们也从事其他领域的活动，非必需但也能成为谋生的手段，如雕刻或接生，但学徒制是他们学会这些手艺的方式。他们如果不跟着父母做学徒，就经常跟随家庭的某位朋友或亲戚做学徒。他们通过观察、模仿和有指导的实践而学习。"大致说来，在家教育的教学法就是学徒制教学法，这是一个充满模仿、解释和试误的不懈过程。另外，少部分家庭提供系统的辅导和定期的公共服务。"

尽管在20世纪30年代之前，美国也涌现了许多文法学校和小学，但教育的主要责任还是由家庭承担。早期的美国体系无疑效仿了英国模式。在19世纪早期的新英格兰，曾发生了一次走向普通学校教育的运动，将教育儿童的责任从家庭转向国家。有资料描述当时的英国教育模式："绝大多数英国青少年根本不上学，那些上学的青少年上的主要也是一种人们委婉称为的小学校（圣母院学校），他们在备课很不充分的教师的引导下学习一年或两年阅读和写作。少部分学生，全部是男生，会上当地的文法学校。如果他们能在学校里待上6年或7年，那么他们在拉丁语方面就会有相当高的造诣，对希腊语或希伯来语也略有所知。"正是这种英国教育体系在美洲殖民地得到了广泛的复制。

在美国，为什么会发生从学徒制到普遍学校教育的转变？普遍学校教育又是如何随着时间逐渐发展的呢？我们认为，美国学校体系源于一系列的事件，建立在这些事件发生和发展的基础之上，包括：（1）工业革命；（2）印刷机的发明；（3）宗教改革；（4）美国革命。其中，工业革命是主要促成事件，美国教育体系在一群关心工业社会中儿童福利的人道主义者的推动下走向了普遍学校教育。本节将描述引起转变的最初三个先导因素所起的作用，最后描述工业革命如何改变美国，并带来了随后的普遍学校教育的发展。然后，将描述普遍学校教育的前

100年中学校的演变过程，在学校的演变过程中了解教育目的的演变。

　　印刷机的发明带来了知识的广泛发展和传播。随着知识累积得越来越多，信息的不断发酵，儿童需要学会的东西在不断增加。谁掌握了知识，谁就能在这个社会上立足。唯有掌握充分的知识，才能在以后的成人世界中取得成功。因此，教育的作用也就愈发凸显出来。

　　当社会从传统口头文化过渡到印刷单词主导的读写文化时，印刷机的发明所带来的转变引起人们的充分关注，并试图对此进行刻画和描述。比如老年人在口头文化中受到尊敬，因为他们是记忆的仓库，历史只存在于他们的头脑中，需要口口相传才得以流传和保存。但在读写文化中书面记录开始代替老人的作用，信息的传播有了载体，有了长期留存的条件和可能。书面记录为真正的"学习"提供了可能：将观点记录下来，使它们更容易去接受评估和挑战，从而逐渐得到修改和提炼。同时，书面记录的发生也对科学的发展起着关键作用。有一种观点认为，真正对科学的发展起着至关重要作用的正是诸如书和地图这样的"不变的动者"。"不变的动者"这一术语强调了文字记录和它们的分布的永久性。这样的永久性使得科技的发展与进步变得有迹可循，能够推动社会更进一步发展。在一定程度上，普遍学校教育最终也是印刷机的产物。因此，教育以读写思维的主要产品为中心，即阅读、写作、历史、数学和科学。

　　同样，印刷的发明还带来了宗教改革。宗教改革运动引发的知识民主化随着启蒙运动的到来进入了政治领域。一个崭新国家的诞生，有很多从无到有的创举，那些开创者因此有机会制定为公众利益服务的新制度。每个人具备实施其自然权利的能力，且要求政府能回应人们的愿望，这反过来就要求国家和政府需要建立一个强有力的教育体系去帮助公民理解并捍卫他们自身的权利。美国政府是第一个在实践中体现了启蒙运动很多原则的政府。其中一项有争议但至关重要的决定极大地促进了普遍学校教育的发展，即将选举权扩大至除了奴隶以外的美国的每一位男性，而不管其作为财产拥有者处于哪个阶层之中。

　　南北战争之前的美国教育，儿童要学会他们所从事的工作需要的各种技能，大多通过学徒制，只有不到一半的人接受过正式的学校教育。尽管新英格兰地区的一些城镇几乎普及了学校教育，但是并没有发挥充分的作用。于是，两个主题随之出现：首先，在一个人的成长过程中，家庭在整个孩提时代的教育及以后的大部分教育中处于中心地位，尤其对于女性而言；其次，自我教育对男性起到很大作用，对女性更是如此。即使这些殖民地政府当时正开始将教育提上日程，父母亲依然为教育负责。

在南北战争之后，"人们越来越认为，如果要实现普遍的选举权和公民权，全社会都必须接受教育以达到完成这个任务的要求"。领导者们强烈提倡给予民众更好的教育。他们认为，合众国需要的教育是培养人民做出明智的政治决策，激励他们选择公众利益而不是私人利益，而王权需要的教育是培养人民在社会秩序中找到他们确切的位置。尽管对受过良好教育的民众的呼唤非常迫切，但并不是一蹴而就、能够马上实现的，不过这不妨碍它构成19世纪普遍学校教育运动的基础。

在美国，普遍学校教育运动发端于新英格兰，然而却是工业革命将普遍学校教育运动从福音主义运动转向了实际需要。在美国，工业革命不仅将公民从农场吸引到城市，而且也推动了历史上最大的一次移民潮。工业技术在农业上的应用不仅可以产出因人口快速增长所需的大量食物，而且减少了生产这些食物所需的人口数量。这种情况下，农场里的农民因为农活儿的减轻会向城市转移，城市人口会随之快速增长。而在城市里的孩子只有三种可能的办法打发日子：（1）在工厂里上班；（2）在街上成为无业游民；（3）在学校里学习。随着童工法律的实施，对务工的孩子有一定的年龄要求，这样一来，到底是选择让更多的孩子接受教育，还是选择让他们无所事事地在街上捣乱走向犯罪道路，城市的领导者对此马上就会一清二楚。显然，对于社会凝聚力来说，需要教育给新移民一种通用的语言和对美国民主的理解。

公立学校的出现标志着教育的责任开始远离家庭。这个转向并不是没有遭到反对。公立学校的反对者是那些支付了绝大部分税收的财产拥有者，尤其是那些拥有土地且没有经历过犯罪和贫穷等城市问题的农场主。他们认为教育的唯一目的是培养孩子们能在农场里有基本的生活技能，有成功的生活。所以，农村家庭感觉他们能提供孩子们需要的所有教育，因此总体上，乡村地区反对用税收支持学校。

但自工业革命开始以来，"19世纪的父母认为学习阅读和写作会发生在教室中"。这表明教育从家庭责任向国家责任转变。这个观念转向开始充斥美国人的思维，最终使人们相信教育发生在学校中，而与生活中的其他部分不大相关。城市公民希望借助于学校教育的扩张，去解决青少年犯罪和城市发展中对于童工的竞争等问题，而自己不用付出太大代价。最后，迅速增长的城市人口可以在新的美利坚合众国中获得选举权这一事实，使新的教育机构有了在农村人口中普及的可能。学校教育因此开始变得普遍。

今天大多数人以为普遍学校教育是我们身边想当然的事情，但17和18世纪的大多数人很可能以为学徒制是学习的主导方式。经过普遍学校教育的发展，学习的最佳方式、教育的最好形式到底应该是什么成了大家反复思考和斟酌的问题。尽管长期沉寂，但如下所述的观点现在似乎又有兴起之势，即教育最好的发生地点是在家庭、社区和工作场所，而不是学校。

早期的普遍学校教育时代见证了学校组织和运作方式的发展，并发明了各种新方法去做事情。新方法不断创建和使用，也不断演变和进化，形成一定的体系。随着这个体系逐渐演化，它变得越来越固定：新的学校教育设计要素不断演变，融入一个连贯体系中，以满足一个民主和不断发展的社会的需要。但随着这个体系变得更僵化，它停止了演变，但它周围的社会在继续演进，所以最终的趋势是它会越来越不符合不断发展的社会的需要。自从1920年以来，想要在一个非常稳定的系统中采取新办法做出变革已经非常困难。学校教育从革新性实践演变到学校组织的体制稳定，随着时间推移，规章和实践的积累产生的经验导致成熟但僵化的制度。

普遍学校教育前100年探索和实践中所发展出的学校结构和制度解决了一系列现实问题和冲突，这些问题是任何一个正处于城市化进程中的发展中国家所要面临的。得出的解决方案也许不是唯一的可行方案，但它确实解决了美国在创造普遍学校教育体制中所面临的问题和困境。这些方案所包含的内容，义务教育的实施是其主要方向。其基本目标是保证人民能受到足够良好的教育，能做出明智的政治决定。进一步的目标是为全体人民提供必需的技能和知识，使他们成为具有生产能力的工人，在此基础上整个国家有了高素质的劳动者及人才的储备，繁荣昌盛就会实现。义务教育的实施还会逐渐提供给学生技能和知识，以帮助他们利用自己的才干克服生活中最初的不利条件，以更好地适应各种挑战。另外，学校划分年级和班级是对义务教育和移民大量涌入导致学生人数大量增加而带来的问题的回应，但班级制的发展带来的弊端是使学生的同质化更加明显。对建构一个普遍体系去教育不同人群这个问题而言，当前学校体系的这些特征是自然的解决方案，所演变的这个体系证明在教育高度多样化的人群方面非常有效。但社会在继续变革，而这些特征已有几十上百年保持不变，因此急需找到解决教育问题的新方案。

在 21 世纪，我们见证了伟大的技术和社会变革，这些都有待于在学校教育中反映出来。以前，学校体系不断演变，以适应课程和社区方面的增量变化，采取的手段和措施经常仅仅是在现有学校中增加项目、课程模块、教师和校舍等建筑物。这意味着尽管学校运营的条件发生了变化，学校体制还是相当稳固的，并没有打破之前的体制而有新的创建。然而，现在技术方面的变革正对学校教育产生越来越多的压力。学校要培养学生去应付一个不同的世界，公共政策也认为学校应为社会进步担负责任。学校在教授越来越多来自不同文化和语言背景的学生的同时，要努力去满足政府所设定的绩效要求。我们认为这些对学校的压力要求创造了促使学校激进变革的条件，就如同 19 世纪中期现有的教育体系演进时所出现的变革那样。

社会中的技术变革加速了对学校的发展。无处不在的电视和网络等其他新媒体帮助营造了一个越来越复杂的青年文化——可以将其称为年轻人的"成人化"。对学生产生重大影响甚至控制学生生活的同伴文化对于学校学习常常是带有敌意的，学校需要努力解决的问题之一就是学校中自主同伴文化影响过头的问题。为了应对这些社会问题，学校试图开发新的课程，同时又要尽力让课堂教学更具吸引力，以此来削弱或者角力学生中的自主同伴文化影响的负面效应。

学校从来就不是孤立于社会而存在的。寿命的增加、出生率的下降、美国人口的日益多元化这三个因社会的发展而带来的人口学上的变化，也导致学校所承受的压力不断增加和改变。老年人口的增加和出生率的下降意味着越来越少的成年人的孩子在上学，这就使得向公众征税来支付教育费用变得更加困难。另外，其他职业向女性开放，这意味着学校越来越难以吸引最好最聪明的女性加入教学这个传统上由女性主导的职业。

同时，人口的愈加多元化意味着用同样的教学策略去教授来自不同背景的学生变得更加困难。在 19 世纪晚期和 20 世纪早期，移民创造了非常多元化的城市学校，但知识经济对于教育少数族裔学生的要求发生了变化。家长和决策者将学校当作是减少成就差异、提供食物和基本社会服务，包括医学和心理学方面咨询中心的机构。社会对学校多样化的需求迫使学校减少教育同质化，将教育个性化，以满足不同群体和个体的需求和能力。

再者，美国经济的极大富足提高了父母用技术为自己孩子定制教育的能力，社会中财富的不断增加使越来越多的人自己为教育服务买单。这意味着越来越多的人为自己支付上私立学校的费用，为自己的孩子购买书籍和教益玩具及游戏，购买电脑和网络服务，支付家教费用，修读社区学院或成人教育课程。为了适应家长个性化定制教育的需求，涉足教育领域的公司和其他机构在培训员工方面也投入更多。总之，这些趋势导致了私人教育投入的稳定增长。

另一个不能忽略的事实是，信息爆炸时代，知识的指数级增长也给学校施加了越来越多的压力。教育者似乎觉得学生必须掌握这些新知识，他们努力把这些新知识尽可能多地教给学生，期望把他们培养成能做出公共决策的公民和能满足劳动力中对技术专长日益增长需求的劳动者。围绕内容组织起来的学校课程用更快的主题覆盖、不断发展的广泛的内容标准、更厚的课本和延长学校教育的时限等方法来应对知识的爆炸，已经成为一种普遍现象。

最后，目前正在经历的技术革命具有教育体系的所有可能后果。尤其是由于技术正在迅速取代社会中那些简单易操作的机械化常规工作的从业者，要想不被技术所取代，就需要更多的人成为思想者和终身学习者，能用各种技术去完成复杂的任务，可以在社会中有效运转。培养这样的面对未来生活的人，这意味着教育要承受很大的压力，远离传统的为记忆事实和执行常规任务而学习和育人的目标。

经历了学徒制和普遍学校教育时代以后，美国现在正在进入教育的终身学习时代。这三个时代在很多方面大相径庭，但在某些方面，终身学习时代似乎反映了更早期的学徒制时代的要素。当教育从学徒制时代过渡到普遍学校教育时代时，在很多不同的维度上都发生了变化。比如谁为孩子的教育负责，他们教育的目的和内容是什么，如何教他们，教育如何评价，我们希望他们学会什么，等等。另外，学习发生的地点、学习发生的文化、教师和学生的关系也随之发生了很大的变化。当我们进入终身教育时代时，教育的这些方面又一次发生了改变。

第二节 日本教育

　　自明治维新至 20 世纪 70 年代，日本教育一直由国家主导，并被视为现代化和思想统一的必要工具。"需要教育为现代化过程提供必不可少的科层制精英，向大众灌输新的现代化原则，同时强化日本传统和民族认同，这对一个此前被分为 300 多个封建领地的国家的行政和语言上的统一来说至关重要"。日本明治政府以学力构造为中心建立的相对统一化、平等化、同质化的教育制度培养了大量有知识且技术熟练的劳动者，满足了日本工业化进程中劳动力市场的需要，也为日本民众开辟了向上层社会流动的途径。

　　以"学力"构造为中心的教育制度，其效力一直维持到二战后。1980 年前后，在全球化浪潮的冲击下，日本社会经历着从工业社会到后工业社会的转型。全球化背景下的日本教育面临着双重的合法性危机。一方面，"'压缩式'的现代化终结后，终身雇佣制被打破，日本学力神话破灭，学校教育病理日益突出，导致教育自身面临着存在的合法性危机"；另一方面，"是教育在促进国家经济发展中的合法性危机"。在中央集权管理模式下，日本教育注重形式公平和统一训练。"批量生产的教育方法抹杀了学生的个性和能力差异。死记硬背、机械记忆的学习方式以牺牲学生批判性思考和自我探究为代价，压制了学生创造性的发展。日本义务教育固然相对均衡，但在文凭主义和精英主义理念的驱动下，高中和大学的升学考试竞争异常激烈，高压力的学校生活阻碍了学生内在学习动机的发展。这使得日本教育不能有效回应后工业社会的劳动力需求，在促进国家经济发展、提升国家国际竞争中的作用受到质疑"。由此，"解决教育中的病理，满足经济发展对个性化、创新型人才的需求"成为全球化背景下日本教育重建合法性的两大基点。

　　在这样的时代背景之下，日本新自由主义教育初见端倪，强调教育要"发展丰富的个性""多元化"、追求能力主义，以"发展创造性的个性"为目标。同时，还认为当今时代的日本人必须"具备自主经营充实生活的能力，理解各种价值观的能力以及富有实践经验的社会性、创造性地解决课题的能力"，提出"终身教育"的观点。将上述观点加以课程化、操作化，制定了教育课程的三个目标：一是为学生安排宽松而又充实的学校生活；二是开展适合学生个性与能力的教育；

三是培育具有丰富人性的学生。"选择性、弹性化和多样化奠定了日本新自由主义教育改革的政策基调，个性、低压成为改革的关键词"。

"个性即每个孩子不同的能力和资质，教育要尊重个性和差异，教育的内容、方法都要回应学生的个体发展需要"。"只有充分理解了自己的个性并愿意发展之、进而自我承担全部责任的个体，才可尊重并发展他人的个性"。因此，"个性也深具道德蕴含，即责任的承担。个性的培养即意味着塑造可承担教育和社会责任的能够自我管理的个体"。日本的历次课程改革集中展现了公共教育个性化的改革图景，其个性化教育体系意在"消除学校教育的僵硬性、封闭性和划一性，实现家长和儿童能够在多种多样的教育服务中加以选择，真正地发展学生的个性"。

低压是日本新自由主义教育改革的另一关键词，指向儿童的创造性和社会化问题。通过提供"松绑的教育"减轻儿童的学业负担，使其有更多的机会进行基于经验的、发现性的学习，以及参与同伴交往等社会化活动。"教育改革工程计划"设置了初中和高中六年一贯制学校，放宽了制度方面的限制，在政策上认可中小学阶段的自由择校。确定课程改革的宗旨为培养丰富的人性和社会性、养成自主学习与独立思考的能力、充实发展个性等，建议引入五天学日制、削减课程内容、设置统整学习时间。

新自由主义的教育改革直击教育时弊，回应了社会经济发展的现实需求，赢得了社会的支持，凝聚了改革力量，增强了教育发展的活力。但凡事都有其两面性，改革过程也凸显了矛盾。其一，宽松的教育带来了教育质量的下滑。"教学内容的减少非但没有明显提高学生的批判性思考和问题解决能力，反而导致学生学业成绩的持续下降"。其二，自由化改革也冲击着教育均等的理念。"由于新自由主义改革重在效率，因此在它影响之下的日本义务教育改革的重点也就不可能放在公平上，相反，它是对公平的某种挑战"。其三，自由与自我负责相伴而生。"新自由主义强调自由竞争和自我负责的理念，扩大了个体的责任，缩小了制度的责任"。"选择自由的过度和自我责任的强化进一步加剧了儿童危机"。从数量上看，儿童自由得到扩充，但在自我负责的强大压力下，失望感、无力改变生活的挫败感使得儿童感受不到从学习中解放出来的快乐，逃离学习的现象反而加剧。其四，改革的分权与再集权的张力。"新自由主义改革引入市场机制、分权固然在一定程度上激发了教育活力，但表现性的问责机制也强化了日本政府对教育的控制"。

新保守主义思想"在民族国家通过诉诸传统文化、价值观来重建民族和文化身份认同的过程中"异军突起。新保守主义"把民族国家的历史作为共同文化的内容,将重塑共同文化视作一项重要任务"。新保守主义的教育目的"有赖于课程和教学的实施,以新国家主义为旨归的教育改革加强了国家政府对教育的控制,强化了对受教育者意识形态的影响,解决了新自由主义改革中出现的一些问题"。"新自由主义改革破坏了作为市民社会之根本的、称为'信赖'的社会契约,破坏了相互扶持这样一种安全网络,促使道德沦丧,将人们驱赶到没有希望的生存竞争之中"。在这种社会变迁情境中,新国家主义教育改革者所倡导的爱国、爱传统、重道德的理念,满足了人们寻找稳定的社会和自我认同的心理需求,利于形成公共的"共同文化",推动社会融合。但新国家主义的教育改革强化了国家对教育的控制,使教育成为右翼势力的重要政治策略。整体而言,新国家主义的教育改革举措"削弱了教育的民主基础,影响了儿童自主判断能力和批判性思维的形成"。

随后不断发展的公民主义的话语和实践为日本教育危机的解决提供了新的可能。公民教育改革在日本二战后初期的教育改革中占有一席之地。公民教育的改革建立了一套新的制度和体制,给日本社会带来了一套新的价值体系,也为以公民主义思想为指导的教育改革奠定了基础。一股由公民主义所主导的、草根性的教育改革运动正悄然形成。

"公共性进一步普及,就不必刻意强调爱国主义,也能够形成在尊重他人个性基础上的连带意识,而这也正是市民主义教育改革的根本宗旨所在"。公民主义的教育改革观点多体现在佐藤学、黑泽惟昭等学者的言论主张中,主要表现在对教育、学习、学校、教师的认识等方面。其中,佐藤学倡导的"学习共同体"获得了基层教育机构和相当数量的教师的认可。

公民主义者大力推进以社会民主为基础、基于公共哲学理念的学校教育改革,具备"公共性""民主性"和"卓越性"三大特点。这是"学习共同体"改革的基本原理。"公共性"原理指"学校要成为各种异质文化相互交流的空间,成为教师、学生和家长共同参与并相互学习的公共场域。这就赋予学校保障所有儿童的学习权、建设民主社会的公共使命与历史责任"。"民主性"即杜威所言的"多种多样的人共同生活的生存方式"。"卓越性"指追求至高境界,具体表现为"冲刺与挑战性的学习"。

"学习共同体"对教育核心概念与实践进行了重构,分别赋予"学校""学习""教师"以新的内涵。

1. 学校

公民主义的学校教育改革认为"在多元文化共存的时代,学校的教育课程应以'公民教育'为主线,并将'公民教育'分为三个层次:'区域社会公民'的教育、'日本社会公民'的教育、'全球公民'的教育"。跨越三个层面的"公民教育"成为学校教育课程的中心内容,而"公民教育"的内容应主要为公共伦理与责任的教育、解决纠纷的教育、主权者的教育。在21世纪,学校需创建人们"共生"的社区,进而以学校为纽带促进社区合作,培养市民的公共意识,从而形成社区之间的连带关系,生产出尊重他人的连带意识。在这个连带过程中,学校还需注重文化与社会的关系,应当成为与人民日常生活密切相关的文化中心。学校应是社区和市民共同参与的事业,大家共同承担教育责任。学校邀请学生家长和市民参与教学,协助教师共同培育儿童,向学校教育注入具有生命活力的民间力量;反之,包括家长、子女在内的所有市民也要支持学校,积极参与学校的教育活动,并为之献计献策。不止于此,为把全社会建设成一个以学校为中心的合作学习网,学校还要进一步加强"与所在社区的社会教育机构、文化福利设施、企业商店及其他教育文化团体之间的合作",并"使社区各部门的代表参与、组织相关机构",以确保学习网具有长久的生命力。在学校内部,要把教师当作专家,尊重教师们的个性与多元化,还要保障每位学生的学习权,尊重儿童、家长等的个性和多样性。"作为学习共同体的学校,不仅是学生们共同学习的场所,也是教师、家长以及市民参与教育活动的公共之地"。

简言之,"学校成为开放型的组织,富有发展生机,充满活力。社会形成了以学校为核心的学习网络"。社区参观、综合课程的开设、社会专业人士作为校外教师、教师和家长合作教学等活动,"打破了学校和社会之间的隔阂,扭转了学校、教师和学生、家长之间的对立、买卖关系。教育因此被打造成社会的公共事业,所有市民都成为教育的积极支持者和变革的力量"。

2. 学习

"所谓'学习'是同客观世界对话(文化性实践)、同他人对话(社会性实践)、同自我对话(反思性实践)三位一体的活动"。学习是学校生活的核心,"共同体中的学习是一种倾听、合作、对话与反思的活动过程"。因此,学校教育的职责"在于注重知识的质量、学习的过程,强调学习的发展性,在于变学生的'用功学习'为'认知学习',要完成从'目标、程度、评价'构成的科目型课程计划向由'主题、探究、表现'组成的项目型课程计划的转换"。学生要完成三个层次的转换:"由传统的个人主义的'用功学习'转向与他人对话交流的'共同学习',由传统的'座学'转向以活动为媒体的认知学习,由背诵、积累式的'用功学习'转向'发表与共享的认知学习'"。在对话和倾听的关系中,学生、教师的个性、多样性受到尊重。合作学习也可缓解学生之间的残酷竞争,"学生拥有真正的童年,实现了多元化、个性化的发展。教师则回归本真的专业生活,获得了专业发展的自主性和积极性"。

3. 教师

学习是师生基于对话的"冲刺"与"挑战"。"共同学习"是从建立"倾听关系"出发,通过组织对话性交流而实现的。课堂上教师的工作并不是"传达",而在于"听",在于"连接"。把学校建设成学习共同体的首要任务是教师们相互打开教室的门,通过课程的创造与研究,构建相互学习的同事关系,为此,要先构筑相互倾听的关系以及由此产生的对话关系。教师要成为"反思型实践家",必须高度重视课堂教学事例,反思课堂上出现过的问题,不断从自己和别人的经验中学习。

自下而上的公民主义的教育改革立志"远离政治经济话语,卸载教育本身之外的杂陈,划破阻力使教育回归本真,根据真正的人性在教育中追求民主、平等,把教育由学校领域转向了公共领域,增加了学生家长和市民的声音,使教育变成集体行动,将教育变成公共的事业"。在这一教育话语中,校方、教师与家长、学生之间的二元对立被瓦解,权利与责任并行,这也打破了公共领域与私人领域之间的界限,建立了交流的公共空间。作为学习共同体的学校,不仅是学生们共同学习、共同成长的场所,也是教师作为教育专家共同学习和共同提高,家长和市民参与教育活动而共同学习和共同提高的教育机构。

公民主义的教育改革建立了教育实践的共同体,从教室中萌生,植根于基层,作为一股群众性的改革浪潮,在某种程度上缓解了日益加重的学校病理,深刻影响着日本的主流教育改革话语。日本现已有3000余所学校开始创建"学习共同体",吸引了世界众多国家前往参观、考察。这种"静悄悄"的教育改革影响巨大。

但自下而上的公民主义的教育改革仍面临着一系列的难题。首先,以儿童为中心的"咖啡店式"的教育用弹性的课程满足了学生需要,但忽视了传统学科基础,有时会导致学习质量的下降。其次,作为一个相当新的、多样化的教育者群体,与教育行政机构建立正式的对话、沟通渠道仍是一个挑战。再次,在文部科学省日益成为一个评价型的教育行政部门时,如何应对文部科学省的官僚控制也是改革者要着力思考的问题。最后,公民主义的学校改革虽然作为一种完全自主的、创造性的挑战而逐渐发展壮大,但没有行政支持又缺乏财力基础,公民主义的教育改革多侧重于形式,对课堂教授的内容鲜有涉猎,这也会影响其实施。因此,公民主义教育思想若想对日本的教育改革产生更大、更稳定的影响,需要有更具根本性的制度和结构变革。总之,公民主义的教育改革任重而道远。

综上所述,教育内含政治资本、经济资本、文化资本等,是多种力量较量与妥协的场所。日本教育改革亦是全球重构运动的一部分,也共享国际教育改革的语言,改革中"充斥着不同价值话语的协商与妥协、集权与分权的并立、效率与公平的矛盾"。在全球竞争压力下,世界教育改革在观念基础和制度安排中呈现出趋同现象。但全球性的话语一旦进入不同的国家和地区,都会再情境化,在特定的政治、经济和文化脉络中被重新加以地方化表述,教育改革的趋异与趋同并存。教育在国家建构和经济发展中的独特角色,新保守主义政府进行的自上而下的教育改革中国家主义的规训与新自由主义经济手段的开放,以及学者倡导的自下而上的公民主义教育改革掀起的"静悄悄的革命",皆折射出全球化背景下日本教育改革的独特景象。

第三节 新加坡教育

新加坡是一个多元文化的移民国家,促进种族和谐是政府治国的核心政策,是全球最国际化的国家之一。新加坡的基础教育在国内外环境变化的大背景下,政府根据国家发展进程,不断调整基础教育发展的阶段性目标。新加坡的基础教育效率高，信息化建设起步早，非常重视基础教育与信息化结合的育人模式，理想教育思潮影响深远。从1965年开始进行了四次改革，分别立足于理想智慧教育、教育分流制度、职业技能的技术教育和教育信息化融合教育，其中教育分流和信息化是其两大特色。

从1965年独立至今，新加坡的基础教育发展主要经历了四个阶段：一是生存导向阶段。政府集中精力扩大基础教育，以满足制造业所需要的受过教育且技能熟练的劳动者的需求。二是效率导向阶段。政府不断提高劳动者受教育的年限，并开始探索教育分流制度，以满足资本与技术密集型产业对多样化人才的需求。三是以能力为基础，抱负导向阶段。政府于1997年开始推行"思考型学校，学习型国家"，实施终身学习计划，以便在智力密集型的社会潮流中，培养出能成为国家核心竞争力的创新型人才。"思考型学校，学习型国家"是新加坡教育系统的一个重要理念。所谓"思考型学校"，即"学校通过参与、创新，不断挑战新的设想、寻求解决问题的新方法，从而成为一个具有创造力、问题解决能力的学习机构"。"学习型国家"强调每个公民都能成为终身学习者，从而成为能迎接世纪挑战的公民。为了实现这个愿景，新加坡教育系统实施了一系列举措，旨在通过信息技术改变教育，发展国家和学校人力资源，保持新加坡经济竞争力和优势。在这一阶段树立目标"利用信息技术改变学校文化"，并以之为导向进行信息化一期规划，实施效果非常显著。在此基础上，从2008年起，新加坡教育部重点发展高质量和多元化的教育，致力于提供多种渠道，让每个学生施展所长，以创造群峰连绵的教育景观。通过政府推行的一系列教育改革措施描画"一切服务于让每个学生成才"的教改蓝图。四是以学生为本，价值导向阶段。政府于2014年4月发布了《新加坡学生21世纪技能和目标框架》，以满足新加坡当下培养的青少年能够在国际竞争上拥有核心竞争力和价值观。新加坡政府一直把教育改革视为保持自身竞争力的一种方式，通过一系列改革，从以经济为导向的教育到以学生为本，以促进社会发展的变化。

课程、基础设施、学生学科能力、教师发展四个维度是新加坡开展基础教育改革的重要内容。学校提供灵活方便的信息学习环境，加强信息技术与课程教学计划、设计、实施及评价的整个环节来促进学习；在学生学科能力方面，新加坡将学生定位为自主学习者和协作学习者，有责任感的信息技术使用者，旨在培养学生的信息素养。立足学生的全面发展，尤其注重在信息环境下学生学习的主动性和自我管理，以学习能力和处理问题的能力发展为核心，达到通过有效使用信息技术培养自主学习和协作学习能力，广泛沟通和有效协作的能力。在教师发展方面，对教师教育技术能力要求高，要求教师的定位是信息时代的新教师，要求教师是学生学习的促进者、帮助者，与学生是伙伴关系，应充分利用信息技术工具促进自身的专业发展和信息素养，如利用网络教研平台与校内外学科教师、专家建立联系，在共享的教育资源下不断充实自己在信息化环境下开展教学活动的能力。他们采取不定期对教师队伍进行教育信息技术的培训来促进教师的专业发展。

2015年，新加坡教育部时任部长王瑞杰在国会谈话时提到，新加坡教育要实现"三个跨越"，即"跨越成绩文凭，追求精益求精；跨越校园学府，培养终身学习；跨越职场所需，实现充实人生"。现代教育提倡学生的个性与全面发展，除知识技能外，能力与价值观的培养越来越成为教育关注的焦点。新加坡的课程辅助活动是"全人教育"的组成部分，也是基础教育中极具特色的课程开发尝试。

为落实21世纪的教育目标，新加坡教育部从2005年起开始推动"专长项目学校"。学校可在自己的能力范围内发展"专长"，例如攀岩、钩球、排球、戏剧、水球、围棋、武术、机器人等。新加坡教育部投入专门资金援助各所中学拓展他们的专长项目，至2017年，每所中学都至少有两个可辅助核心教学的专长项目。

这些专长项目主要分为两大类：应用学习项目和生活教育项目。其中，应用学习项目强调课堂上获得的知识在现实世界中的应用，帮助学生更好地了解中学教育与行业的联系。例如在欧南中学，应用学习项目是为培养在校学生的商务技能和领袖意识，学校通过工商企业让学生有机会学习经商之道，他们可以在俱乐部里经营咖啡座，售卖零食和饮料给同学，同时学习零售技巧；丰嘉中学会利用每周的项目工作课程向所有初一学生介绍电子学相关的技术；在南洋女子中学，大约40名学生每周一下午留在学校从事评估项目，这个项目让学生承担起解决现实世界问题的责任。可以说，这些"专长项目学校"为学校的课程辅助活动提供了方向上的支撑。

又如中小学在教育实践中为加强"全人教育"，开设了户外探险教育课程，这也是课程辅助活动的一种形式。

根据新加坡"全国户外探险教育总蓝图"，从2020年起，所有中学三年级学生都必须参加户外拓展训练营，以培养韧性和团队协作能力。在新加坡的麦丽芝蓄水池或乌敏岛等一些山区、岛屿，随处可见一批批中学生背起行囊，在户外徒步探险。注重体育、艺术和音乐的学习，让学生在真实的生活体验中塑造个性和价值观，这也是对"全人教育"理念的具体实践。课程辅助活动涉及21世纪教育目标的跨学科主题，如创业素养、公民素养、健康素养、环境素养和全球化意识、金融、经济、商业等。因此，新加坡中学的课程辅助活动呈现出制服团体、运动团体、艺术团体以及俱乐部或社团4个组成部分。每所学校又因自己的专长、历史、设施不同而开设各异的课程辅助活动。以坐落在新加坡东部的淡马锡中学为例，这所学校2018年的课程辅助活动包括4大类28个活动项目。其中，制服团体包括国家警察青年团、圣约翰救伤队、全国青年团、国家民防学员军团；运动类包括划独木舟、射击、田径、篮球、网球、垒球、武术；艺术团体包括中国乐团、唱诗班、交响乐团、戏剧表演团。这些校内校外的课程辅助活动，对于学生掌握生存生活的知识技能、培养个性和全面发展、促进能力和价值观的形成起到了非常重要的作用，有其深刻的教育意义。

第四节 教育发展整体趋势

纵观美国、日本、新加坡三国的教育历史演变和发展，其基础教育从教育理念的引领、教育目标的指向、教育方式和教育内容的改革发展上表现出一致性，具体如下表：

表1-1 美、日、新三国基础教育共同指向表

类别	聚焦内容
教育理念	教育公平与均衡发展
教育目标	学生核心素养和学科关键能力培育；教师专业成长
教育内容	融合时代成果及科技成果，注重人文课程比例
教育方式	提倡全员育人结构、教师流动教学

随着历史的推移、科学技术的进步、经济的发展，世界各国的教育发展整体趋势也呈现出高度的一致性，主要表现在以下几个方面：

（一）教育理念宽度上，聚焦重视教育公平，深度研究学生核心素养

教育公平是基础教育领域关注的重要观念，是各国基础教育的行动指南。在师资配置、经费、政策倾斜上都有一定的政策支持，如美国的弱势群体教育补偿方案、日本的教师定期流动制政策、新加坡的"师生信息化平台构建"都在为教育公平着力。另外，在满足教育公平的基础上追求教育效益问题，以美、日、新三国为例的基础教育都提出了培养学生的必备职业能力，即核心素养，"它是一个反映学生综合素质的名词，是在教育过程中潜移默化形成的，重在培养学生必备的品格和关键能力，具有一定的阶段性，发展的可能性和延展性"。经济合作与发展组织是最早研究核心素养的组织，目前对核心素养的研究最终指向都是培养"完人"，这正好与雅斯贝尔斯大学整全人思想不谋而合，具体有4个层次，表现为成功生活、终身学习、个人发展和综合取向。前人有很多研究都提到了完人教育，如亚里士多德的自由民教育，强调人的心灵自由，提倡人的身心全面发展；康德完全人的教育思想——人格教育，旨在教人如何做人，使得人的各种潜能得到全面充分和谐发展；卢梭关于培养自然人的自然教育理论；19世纪德国洪堡新人文主义教育、英国教育家约翰·亨利·纽曼认为"大学教育的真正目的不是学问，而是建立在知识之上的思想、理智教育，培养富有勇敢、智慧、正直宽容等社会优良品质的完人"；马克思构建人的全面发展；等等。这些都是核心素养的综合体现。

（二）核心素养培养目标和维度上，重视学科关键能力和生活必备能力培养

在核心素养培养目标方面，以美、日、新三国为代表的世界各国普遍关注了以下几个方面：（1）传统素养融合现代素养，即学会用传统素养进行学习、语言表达及问题解决，学会用现代素养进行与他人沟通、合作，以更好地完成自我规划；（2）文化素养是基础，包括语言、数学、科技与信息、审美与文化素养；（3）实践素养，立足于个人心理和身体，实现身心健康、自我管理、学会学习、问题解决；（4）社会素养，即学会处理个人与社会的关系，尝试参与处理社会

事务是实现自我价值的前提,重在道德品质、社会责任感的培养。

(三)立德树人上,重视育人结构和课程内容的时代性

在育人结构方面,以美、日、新三国为例的世界各国基础教育课程改革纲要纷纷提出"应统筹教育合力,充分发挥各自优势,统筹教育阵地,创设育人环境"。曾有人讲"校长的管理是教育的决定因素,教师是教育的脊梁"。应"以创造性校长来营造创造性环境,进而带动创造性管理,再到创造性师资队伍,到创造性教育教学,培育学生的辐合性思维和发散性思维,最后促成学生创造性能力的形成,即拥有创新学习动机和灵活高效的学习方法",美国借助学校、社会和家共同育人的模式与日本的"教师、校长流动式"模式都创新了育人结构。在教育课程内容方面,课程在内容选取上重视以下基本原则:一是基础性原则,侧重精选学生终身发展必备的基础知识和基本能力,重学习兴趣、方法和质疑、批判等精神教育;二是时代性原则,反映科学技术和学科前沿,紧密联系学生生活经验,随时代发展更新;三是关联性原则,重知识与三维目标、学科之间的联系教育;四是选择性原则,促进学生的个性发展和自主发展,再分离分层设计课程内容。

世界各国教育发展的整体趋势需要当下的教育不断调整方向和目标,认真回到教育的两个终极问题:教育要培养什么样的人?如何培养人?

第二章 信息化背景下的教育

人类进入 21 世纪以后，信息通信技术出人意料地迅猛发展和广泛运用，人类社会快速迈入信息时代，这与 20 世纪的工业时代形成鲜明对比，对教育的冲击难以想象。在日益多元而快速变迁的信息时代，人的培养成为教育的新课题。

第一节 "互联网+"时代的特征

互联网是信息技术的集大成者，它本身就是一场革命。"互联网对人类社会的巨大影响不仅仅表现在信息的获取、处理与传递，更表现为构建在信息技术之上的新型产业形态、社会经济、人际交往方式、生活方式、社会思维和新型文化，它甚至催生了虚拟生活这一从未在人类社会出现并超越所有前人最大胆想象的生活形态"。

从新型产业形态上讲，互联网的出现催生了网络媒体、网络娱乐、网络教育、远程医疗、电子商务、社交网络、互联网农业、物联网以及互联网金融等大量新兴行业，几乎每一个传统行业都能在互联网上找到其对应行业。尤为重要的是，相对于传统行业，这些新兴行业的"新"不仅仅表现为交易渠道的变化，更体现为交易方式、交易结构乃至权力契约的综合革新。

在经济层面，互联网通过对社会经济所涉及的各个行业的革新与颠覆，塑造了整体的互联网经济，它与线下经济互相依存、互为支撑。其特点表现为"参与人数的盈千累万、地域范围的无远弗届、服务响应的及时快速、消费体验的称心如意、产品服务的快速迭代以及消费者选择权、评论权、参与权的显著扩大"。

在人际交往方面，社交网络（包括如 Facebook、开心网之类的熟人社交网络，也包括 Twitter、微信之类的媒体网络，还包括 LinkedIn 之类的商业社交网络）极大地扩展了人们的交际范围。在社交网络中，各种信息、观点、创意时刻在进行交流、沟通与碰撞。人们不仅由此获得更多的信息与知识，还可通过这一高效、平坦的信息传播途径获得自己的发言权，形成自媒体，从而进一步提升了互联网的平等、民主权力格局。

在生活方式方面，由于大量的经济与社会活动迁移至互联网，人们通过网络即可完成大量的工作、娱乐与消费任务，互联网成为与现实生活紧密联系又相对平行的"虚拟生活空间"。这一虚拟空间已经衍生出多种多样的生活服务与商业价值。未来这一空间可能会持续成倍扩大，甚至占据生活主体，形成虚实融合的生活方式，蕴藏着无限的可能性与商机。

在思维层面，"分享、协作、民主、普惠、自由、平等等理念大行其道。这些理念对传统的独占、封闭、集权、权威等思维造成强烈冲击，并借由互联网媒体、社交网站、即时通信等渠道广泛传播，已经开始自下而上地改造整个社会的思维模式。在这种思维模式下的个体更加自信、开放、包容，更加注重自我表达，也更加关心自己的个性需求与应有权利"。

新型文化将是互联网对于社会思维、精神与文化的最大影响和典型体现。"以社交媒体、自媒体为代表的新型文化生产与传播方式，将工业时代形成的所谓大众文化话语权下沉，真正落到组成'大众'的一个个用户身上"。与工业社会抛弃贵族文化、迎合并引导大众文化趣味类似，互联网社会也将抛弃大众文化，进而迎合并引导个性文化和小众文化。互联网文化最大的特征"势必继续表现为个性文化的觉醒以及小众文化繁荣，作为'主流'的、同质的大众文化与通俗文化将面临析构的命运"。

观察互联网时代的上述特点，可以发现它延续后工业时代的趋势，与工业时代的经济模式、文化心理渐行渐远。其根本差别在于"多样化取代标准化，个性化需求取代共性需求，供给方规模经济让位于需求方规模经济"。产生这一现象的技术原因在于"信息产品是非物质性生产，可变成本很低，这就为生产者提供个性化产品创造了条件，导致在信息时代的主要竞争手段就是以差异化的个性化产品来最大限度地获取利益"。

互联网时代产生的"互联网+"这一概念，是指"利用互联网的平台、信息通信技术把互联网和包括传统行业在内的各行各业结合起来，从而在新领域创造一种新生态"。"互联网+"将互联网作为当前信息化发展的核心特征提取出来，并与工业、商业、金融业等服务业全面融合，是两化融合的升级版。这其中的关键就是创新，只有创新才能让这个"+"真正有价值、有意义。正因如此，"互联网+"被认为是创新2.0下的互联网发展新形态、新业态，是知识社会创新2.0推动下的经济社会发展新形态演进。通俗来说，"互联网+"就是"互联网+各个传统行业"，但这并不是简单的两者相加，而是利用信息通信技术以及互联网平台，让互联网与传统行业进行深度融合，创造新的发展生态。"互联网+"有六大特征：

一是创新驱动。"把科技创新摆在国家发展全局的核心位置，统筹科技体制改革和经济社会领域改革，统筹推进科技、品牌、组织、管理、商业模式创新，统筹推进军民融合创新，统筹推进引进来与走出去合作创新，实现科技创新、制度创新、开放创新的有机统一和协同发展"。这正是互联网的特质，用所谓的互联网思维来求变、自我革命，也更能发挥创新的力量。

二是跨界融合。"+就是跨界，就是变革，就是开放，就是重塑融合。敢于跨界了，创新的基础就更坚实；融合协同了，群体智能才会实现，从研发到产业化的路径才会更垂直"。融合本身也指代身份的融合，客户消费转化为投资，伙伴参与创新，不一而足。融合就会提高开放度，就会增强适应性，就不会排斥、排异。互联网如果能够融合到每个行业里，无论对于传统行业还是互联网，应该都是一件好事。

三是重塑结构。信息革命、全球化、互联网业已打破了原有的地缘结构、社会结构、经济结构、文化结构，权力、议事规则、话语权不断在发生变化。互联网+社会治理、虚拟社会治理会是很大的不同。互联网还集成了大众智慧，用户可以参与设计、参与传播、参与内容创造、参与创新，用户对于物流、菜品的评价实际上是在参与管理。互联网基于个体发端了WE"众"经济，众包、众筹、众创、众挖，既是社会的新结构、商业的新格局，又是生活的新方式、经济的新范式。WIKI（一种超文本系统）、开源，这些没有互联网几乎是不可能发生的事。"众，既是大众，又是小众、个体；既是自己、伙伴，又是外部世界；既是标准，又是个性；既是集中，又是民主"。

四是尊重人性。"人性的光辉是推动科技进步、经济增长、社会进步、文化繁荣的最根本的力量"。

五是开放生态。关于"互联网+"，生态是非常重要的特征，而生态的本身就是开放的。我们推进"互联网+"，其中一个重要的方向就是要"把过去制约创新的环节化解掉，把孤岛式创新连接起来，让创业并努力者有机会实现价值"。

六是连接一切。"连接是有层次的,可连接性是有差异的,连接的价值是相差很大的,但是连接一切是'互联网+'的目标"。连接一切有一些基本要素,包括技术(如互联网技术、云计算、物联网、大数据技术等等)、场景、参与者(人、物、机构、平台、行业、系统)、协议与交互、信任等。这里,信任作为一个要素,很多人未必理解或认同,但它的确是最重要的因素之一。因为互联网"让信息不对称降低,连接节点的可替代性提高,只有信任是选择节点或连接器的最好判别因素,信任让'+'成立,让连接的其他要素与信息不会阻塞、迟滞,让某些节点不会被屏蔽。"

第二节 大数据与未来教育

信息通信技术出人意料地迅猛发展和广泛运用,改变着教育的发展。信息时代为个人自我实现和教育手段提供了前所未有的机遇与挑战,对学生极具吸引力的技术产品会让教师的教学日益困难,等等。一方面,无穷尽的信息洪流、快速发展的科学技术、变幻莫测的虚拟世界为个人教育发展提供了新的机遇和条件,让人有"天涯若比邻"的感觉;另一方面,每一个人又被淹没在信息洪流中,饱受信息过载、信息焦虑和信息疲劳的折磨,虚拟世界可能使个人身份迷失,也让人有"比邻若天涯"的感受。

首先,从业者在其工作生涯中将频繁更换工作。因此,未来教育不仅要为已有职业做好准备,还要为尚未诞生的职业做好准备,具有广泛迁移性的核心素养因而成为教育的首要目标。

时下出现了一个网络新词:"斜杠青年"。"斜杠青年"指的是这样一个人群:他们不满足单一职业和身份的束缚,而是选择一种能够拥有多重职业和多重身份的多元生活。这些人在自我介绍中会用斜杠来区分,例如:张三,记者/演员/摄影师。再如:工作时间是 IDC 行业的程序员,休息的时候就变成了笔耕不辍的作家,周末还能化身成变出一桌美味菜肴的营养师……这"程序员/作家/营养师"的多重身份,就是对"斜杠青年"的完美诠释。斜杠青年的出现并非偶然,而是社会发展的必然现象,也是进步的体现。这种进步使人类摆脱"工业革命"带来的限制和束缚，释放天性。

有数据显示，美国平均年龄在32岁的人已经在9家不同公司工作过。加州工人的平均就业时间只有3年，只有1/5的人为老板工作超过10年。为了培养这些适应新时代的"新人类"，我们需要为迁移而教。

其次，信息技术使人们成为数据主义者，深刻变革人们的社会生活。

未来，人类将面临三大问题：生物本身其实就是算法，生命是不断处理数据的过程；意识与智能的分离；拥有大数据积累的外部环境将比我们自己更了解自己。例如，大数据对社会生产和生活的影响，在教育以外的行业已经十分明显，无论是银行、电信、铁路、航空，还是军事、政治、工业、商业，基于大数据的决策已经成为现代社会各行业运行的基础。

以医疗行业为例。计算机图像处理技术与x射线、超声波、核磁共振技术相结合，促进了基于大数据的新型复杂成像技术的发展。生物信息学、计算机辅助药物设计以及大数据分析在医学临床和科研中广泛应用，从根本上改变了疾病的诊断、治疗和预防的理念与技术。在解剖、病理、生化、药理等基础学科的实验基础之上，医学从经验型医学的范式，进入现代循证医学时代，将在临床中采用前瞻性随机双盲对照及多中心研究的科学方法，系统地收集、整理大数据样本研究所获得的客观证据以作为医疗决策的基础。认识这一点，就是让我们清楚"生物本身其实就是算法，生命是不断处理数据的过程"。

多年以来，教育领域的决策从来都是在缺乏任何数据的基础上做出的。常识一直成为正常的决策资源，即使在常识导致消极结果的情况下也是如此，而常识其实只是习惯和一厢情愿的混合物罢了。

与大数据同行的学习意味着两种迥异的学习过程。对于学生而言，他们是在一个同样也在向他们学习的体系中学习着课程。这一体系知道学生何时需要加倍依赖于概念，知道何时需要继续往下学习，还知道如何让学生在每一天中平衡"温故"和"知新"。这些学生是在伴随着大数据而学习，因为在他们所身处的系统之中，有关他们如何从事与他人和课程目标相关之事的证据，可以在分秒之中产生，而不是需要一个学期或学年才能出现。同时，教育工作者们也在伴随着大数据而学习。"我们第一次有机会来检验假设，来比较方法，来了解什么是有效的和什么是无效的。反馈循环对于学生来说将是一种改进，而对于教师来说则会是一种转型"。

依托大数据的学习是"双回路学习"。与在学习中犯了错误之后才会努力去纠正的"单回路学习"不同,一个践行双回路学习的组织会纠正自身的错误,它还会做许多更重要的事情,包括分析其犯错的原因。双回路的学习需要分析组织本身在反馈回路中所使用的大量数据。

我们第一次要求自己拥有理解学生正在做什么的能力。我们能够理解在最大规模情况下学生是如何学习的,理解在任何给定的学年中数以百万计的各种数据。我们能够理解在最小规模情况下学生是如何学习的,理解每一个个体在 10 分钟的课程中是如何学习的,而不只是每一个个体是如何学习的。不同于旧有的调查世界和样本,我们能够连接上述两类规模——大数据是数以亿万计的小数据的汇集。"未来教育依赖教学的个性化、把有效努力从无效努力中分离出来的反馈循环,以及由大规模数据集的概率预测而产生的设计或体系。决定着教育之未来的,是那些更好地利用大数据来适应学习的组织"。

但是,迄今为止,我们的教育系统依然沿袭远古教育的范式,主要依靠教师的个人教学经验对课堂上学生的学习行为进行判断和制定教学决策。"21 世纪后,世界各国的教育改革都倡导针对学生个体差异实施个性化教学,力争做到像医学一样根据学生的学习行为大数据来调整教学策略,在课堂教学中采用基于证据的教学,这一直是人们所追求的未来教育的理想形态"。过去,在学校的教育教学活动中开展实证教学受到技术水平的局限,要收集和处理学生在教学活动中的大数据比较困难。现在,随着全社会移动终端的普及、云技术服务的发展、大数据分析技术的突破,基于学生行为大数据分析的教学将逐步变成现实。

大数据帮助我们以前所未有的视角判断什么可行、什么不可行,展示那些以前不可能观察到的学习层面,实现学生学业表现的提升,可以基于学生的需求定制个性化课程,促进理解并提高成绩。大数据帮助教师确定最有效的教学方式,这不但不会剥夺他们的工作,反而会提高工作的效率和趣味性。学校管理者和政策制定者也能以较低的成本提供更多的教育机会,从而减少社会收入差距和社会差异。我们第一次拥有了强大的实证工具,让我们能了解如何教,又能了解如何学。

大数据改善学习的三大核心要素:反馈、个性化和概率预测。

比如就阅读而言,人们重复阅读某个特定的段落,是因为其文笔优雅,还是晦涩难懂,这在过去无从得知。学生是否在特定段落的空白处做了笔记?为什么要做笔记?是否有些读者在文章结束前就放弃了阅读?如果是,放弃的位置在何处？这些问题能够揭示大量信息，但却难以把握——直到电子书的出现。电子书的发行者则可以了解到学生在阅读过程中出现的"衰减曲线"，即追踪学生对曾经阅读过的并且有可能记住的内容的遗忘程度，这样，系统就能确切地知道应该在何时与学生共同回顾学习内容，以提高其记忆保留的概率。相关信息不仅可用于既有教学内容的重新设计，还可以通过实时分析，自动在某一时刻显示出适合学生特定需求的学习内容。这种技术被称为适应性学习，它正在引领教育进入一个高度个性化的新时代。

《平均时代的终结》一书的作者、美国经济学家泰勒·考恩宣称："我们现在拥有根据个人喜好和需求定制事物的技术，不再需要服从过去的同质性了。"使"一个尺寸适合一个人"，个性化学习成为可能。"个性化学习最令人印象深刻的特征是其动态性，学习内容可以随着数据的收集、分析和反馈加以改变与调整"。美国教育心理学家布鲁姆是掌握学习观点的主要倡导者，他认为"只要给予足够的时间和适当的教学，几乎所有学生对几乎所有内容都可以达到掌握的程度"。现实的问题是，将时间定为恒量，统一时间统一进度，而掌握的内容作为变量。如果将学习内容作为恒量，时间为变量，就能达到理想的教学效果。

理性对待概率预测。人们通常不乐意接受概率，我们更喜欢二者择其一地回答，这些回答能够直接并且快速地指导我们做出决定。"毫无疑问的是，我们一直都生活在概率的世界里，只是没有认识到它"。如当一个老师对忧心忡忡的家长提出某些建议，相关内容都不是绝对的事实，而是概率性的建议和干预。但与过去最大的区别是，我们现在可以对事物加以测量和量化，并且以更高的精确度说话。无论是确定的，还是无法确定的，都能通过概率加以揭示。在大数据时代，机遇在进一步地显现，这可能会使人望而生畏。随着大数据预测的精确度和细节上的提高，我们也应该对帮助我们做出决定的预测结果报以更大的信心，并提出更加具体和细致的建议，采取更具针对性和更加温和的干预措施。比方说，与其强制要求一个学生花费整个暑假的时间补习数学，可能还不如建议他参加一个为期两周的二次方程的集中课程。

另一个观念的转变加速了概率预测的发展，而这个转变是必要的："过去我们相信自己发现因果关系的能力，如今必须意识到我们通过大数据看到的往往是相关关系，这些相关关系似乎是不为我们所知的变量之间的连接和关联，它们不会告诉我们事情如何发生，而是向我们说明正在发生的是什么。"对相关关系意识的确立，是具有挑战性的。我们随时准备着以因果关系的视角看待世界：我们会因为相信自己发现了原因而感到欣慰，这使我们感觉到自己正在理解世界的内部运作。然而，尽管付出了不懈的努力，我们真正发现的因果关系却比想象中少得多。大数据有能力将数据的生产与处理、利用分隔开来——在信息上与教育松绑，同时将学校和课本转化为数据平台，促进学习的改善。数据收集、程序追踪每个学生答对和答错的习题数量，以及他们每天用于作业的时间，"通过对反馈机制的扩展和改善，我开始能够了解学生如何学习，而不是学习什么"。学生花费在他们答对的问题上的时间多，还是花费在答错的问题上的时间多？他们的学习，靠的是勤奋还是灵感？学生出错是因为没有理解教材内容，还是仅仅因为疲惫？上述以及更多关于人们学习的基本问题，可以得到解答。"数据分析，是未来学校的大脑"，"要明智地运用技术，技术是对教师的重新部署，而不是要去取代他们"。学校必须做出极大的改变，才能从大数据中受益。

那么今后的学习将会是怎样的？我们目前看到的趋势，或许就是未来的缩影，但会包含更多的内容。"我们能够洞察在教学中独立生成的数据，分析我们如何学；除了教师，数据的访问还将向学生、家长和管理人员开放；教材将是基于算法定制而成的，为适应学生的需求而调整教学的顺序和步调，从而帮助学生获得最大的学习成果，同时教材本身也会得到不断完善。学校将在本质上成为大数据生态系统的基石。学校不再需要不可靠的排名，而是用切实的数据来证明自身价值"。

"数据的教育应用为新型的、创新性的机构和商业模式提供了分析信息、推出课程的可能性"。创新的空间仍然有望扩大，这是因为在目前，掌握所有数据的现有机构缺乏有效挖掘数据价值的思维。因此，新创企业正在为撼动教育界摩拳擦掌——这一时机已然到来。然而，到达光明的未来之前，必须克服大数据教育应用的黑暗面，包括对过往数据的永久保留，以及可能不公正地决定我们的命运并剥夺我们未来的概率预测。它们将对人的隐私和自由造成深远的影响。

"有了大数据，教育的性质将从根本上发生改变，这个社会将最终学会如何学习。大数据给予了我们更全面、更精细的视角，来看待世界的复杂性和我们身处其中的位置"。

除了在学习方面带来的变化，大数据也预示着我们对世界认识的改变。因为有了大数据，在它的帮助下，我们开始学习在处理问题时先把因果关系搁置一旁。

我们学习用这种新的方法探索世界。"这种新的理解，也要求我们接受比过去多得多的可能性、不确定性和风险性。这并不意味着世界将变得更加危险，而是说我们已经开始认识到可以确定的事物远比我们原先想象中的要少"。这要求我们采取全然不同的方式培养我们的后代，不仅仅是为了他们的工作，更重要的是为了他们的生活。我们将会看到"这个世界变得更加复杂、细致和不确定，远超我们的预估。然而我们也将发现，探索和研究环境，将比我们预想中的更加开放"。

人类正在通过大数据的收集和分析，向黑暗的角落注入新的光芒。"我们能比原先更好地观察事物，进而更好地了解我们自己"。在过去，我们也曾经历过这样的变革，当时推动我们进步的是工具、技术，以及数学、科学等学科和启蒙运动带来的新兴理念。大数据只是在黑暗道路上前进的另外一步，这一路走来，我们举着照亮前方道路的火把，但有时也可能会灼伤自己。这束光芒能让我们清楚地看到在小数据时代曾经利用过的知识捷径，这些捷径在多数情况下都颇有效果，即使它们在复杂度和细节性上尚有欠缺。比如牛顿的万有引力定律足以用于解释桥梁的建造和引擎的生产，但却没有精确到能够帮助我们设计实现全球定位功能的 GPS 系统。为了实现这样的功能，我们需要另一个更加复杂的万有引力定律——爱因斯坦的相对论。

同样地，大数据使我们开始明白："许多用来解释现实世界的所谓法则，其实并不足够准确，这些法则在他们的时代背景下是有效的，解决了当时的需要，就像过去的手动操作杆之于现在的液压泵、绳索滑轮之于现在的机械起重机。但在未来，随着更多数据的收集和分析，这些捷径将不复存在，取而代之的是对这个世界更加复杂、更加精确的认识。"以概率为例，在过去，当被问到把一枚硬币抛向空中，其落地时正面朝上的概率有多少时，我们会说一半对一半——那的确是个很好的近似值。然而现实情况却更加复杂，因为每一枚硬币都有细微的不同，而每个人抛掷硬币的方式也不尽相同。有了大数据，我们才领悟到每一次抛掷都是一次让我们更加接近事实的机会，而不会再去固守一半对一半的理想化捷径。每一次抛掷后，我们都会记录结果来完善预测，这将让我们渐渐地接近事实。

"大数据时代将是一个不断学习、不断完善我们对世界的认知的时代，而不是相信我们通过一条简单捷径就能了解世界万物的时代"。我们正快速进入一个这样的时期："每一件我们观察到的事物都能够，并且将被用以积累更多的知识，就像山洞中的石笋那样稳健地生长。"

当我们加深对世界的认知，认识到其错综复杂的魅力并且认识到大数据赋予我们发现世界的力量时，我们也必须意识到它的局限。与过去相比，我们更应该了解那些用于探索世界的工具的固有缺陷——即使再小心，这些局限也难以克服或避免。在学习中，我们也要继续重视那些数据不能解释的事物：由人类的智慧、独特性、创造力造就的理念，这是大数据分析无法预测的。爱因斯坦说过："想象力比知识更重要，因为知识是有限的，而想象力概括世界的一切。"为了使我们的这些品质保持活跃，"我们需要为我们自己、我们的非理性、我们偶尔对定量和定性分析的反抗意图保留一份特别的空间。原因并不在于大数据本身的缺陷，而是因为：即使进入了一个全新的学习时代，我们仍然无法掌握所有的问题"。

第三节 人工智能与深度学习

正如人们所写的那样："我们正在经历另一场工业革命，它并不是简单地增加人类的机械力；计算机将增加人类的认知能力和智力。"人工智能时代的来临，产生的变化和突破在很大程度上正是由于深度学习的进步。

人工智能时代，深度学习和大数据成了一枚硬币的两面。"深度学习可以从大数据中挖掘出以往难以想象的有价值的数据、知识和规律"。简单来说，"有足够的数据作为深度学习的输入，计算机就可以学会以往只有人类才能理解的概念或知识，然后再将这些概念或知识应用到之前从来没有看见过的新数据上"。大数据，"是因为信息交换、信息存储、信息处理三个方面能力的大幅增长而产生的数据"。"在方法论的层面，大数据是一种全新的思维方式。按照大数据的思维方式，我们做事情的方式与方法需要从根本上改变"。

而深度学习究竟是何方神圣？

和许多人的想象相反，深度学习可不是一下子从石头缝里蹦出来、横空出世的大神，它的历史几乎和人工智能的历史一样长。只不过，数十年里，深度学习及相关的人工神经网络技术由于种种原因，蛰伏于人工智能兵器库的一角，默默无闻，任由其他门类的兵器在战场上耀武扬威。蛰伏不等于沉寂，在漫长的等待中，深度学习技术不断磨砺自己，弥补缺陷，打磨锋刃。当然，最重要的，是等待最合适的出山时机。

2000年后，计算机产业的发展带来了计算性能、处理能力的大幅提高，尤其是以谷歌为代表的前沿企业在分布式计算上取得了深厚积累，成千上万台计算机的大规模计算集群早已不再是稀罕物。而互联网产业的发展则使搜索引擎、电子商务等公司聚集了数以亿计的高质量的海量数据。

"基于多层神经网络的机器学习模型"被人们称为"深度学习"。从根本上来说，"深度学习和所有机器学习方法一样，是一种用数学模型对真实世界中的特定问题进行建模，以解决该领域内相似问题的过程。是一种在表达能力上灵活多变，同时又允许计算机不断尝试，直到最终逼近目标的机器学习方法"。从数学本质上说，深度学习与传统机器学习方法并没有实质性差别，都是希望"在高纬空间中，根据对象特征，将不同类别的对象区分开来"。但深度学习的表达能力与传统机器学习相比，却有着天壤之别。简单地说，"深度学习就是把计算机要学习的东西看成一大堆数据，把这些数据丢进一个复杂的包含多个层级的数据处理网络（深度神经网络），然后检查经过这个网络处理得到的结果数据是不是符合要求——如果符合，就保留这个网络作为目标模型；如果不符合，就一次次地、锲而不舍地调整网络的参数设置，直到输出满足要求为止"。

我们再来了解有关不同层级人工智能的几个基本定义。

弱人工智能，也称"限制领域人工智能或应用型人工智能"，指的是"专注于且只能解决特定领域问题的人工智能"。毫无疑问，今天我们看到的所有人工智能算法和应用都属于弱人工智能的范畴。

强人工智能，又称"通用人工智能或完全人工智能"，指的是"可以胜任人类所有工作的人工智能"。

超人工智能的定义最为模糊，因为没人知道，超越人类最高水平的智慧到底会表现为何种能力。如果说对于强人工智能，我们还存在从技术角度进行探讨的可能性的话，那么，对于超人工智能，今天的人类大多就只能从哲学或科幻的角度加以解析了。

"AI只是人类的工具"。弱人工智能在很多领域表现出色，但这并不意味着人工智能已无所不能。用人类对"智能"定义的普遍理解和一般性的关于强人工智能的标准去衡量，今天的AI至少在以下七个领域还"稚嫩"得很。

一是跨领域推理。人和今天的AI相比，有一个明显的智慧优势，就是举一反三、触类旁通的能力。"人类强大的跨领域联想、类比能力是跨领域推理的基础。从表象入手，推导并认识背后规律的能力，是计算机目前还远远不能及的"。利用这种能力，人类可以在日常生活、工作中解决非常复杂的具体问题。为了进行更有效的跨领域推理，许多人都有帮助自己整理思路的好方法。比如，有人喜欢用思维导图来梳理信息间的关系，有人喜欢用大胆假设、小心求证的方式突破现有思维定式，有人则喜欢用换位思考的方式让自己从不同视角探索新的解决方案，有的人更善于听取、整合他人的意见……人类使用的这些高级分析、推理、决策技巧，对于今天的计算机而言还显得过于高深。

二是抽象能力。"抽象对人类至关重要。漫漫数千年间，数学理论的发展更是将人类的超强抽象能力表现得淋漓尽致"。最早，人类从计数中归纳出1，2，3，4，5……的自然数序列，这可以看作一个非常自然的抽象过程。"人类抽象能力的第一个进步，大概是从理解'0'的概念开始的。用0和非0，来抽象现实世界中的无和有、空和满、静和动……"这个进步让人类的抽象能力远远超出了黑猩猩等动物界的"最强大脑"。

目前的深度学习技术，几乎都需要大量训练样本来让计算机完成学习过程。可人类，哪怕是小孩子要学习一个新知识时，通常只要两三个样本就可以了。这其中最重要的差别，也许就是抽象能力的不同。"人工智能界，少样本学习、无监督学习方向的科研工作，目前的进展还很有限"。但是，"不突破少样本、无监督的学习，我们也许就永远无法实现人类水平的人工智能"。

三是知其然，也知其所以然。人通常追求"知其然，也知其所以然"，但目前的弱人工智能程序，大多都只要结果足够好就行了。

四是常识。人的常识，是个极其有趣，又往往只可意会、不可言传的东西。"人类似乎生来就具有另一种更加神奇的能力，即便不借助逻辑和理论知识，也能完成某些相当成功的决策或推理"。那么，人工智能是不是也能像人类一样，不需要特别学习，就可以具备一些有关世界规律的基本知识，掌握一些不需要复杂思考就特别有效的逻辑规律，并在需要时快速应用呢？"计算机所能学习的，更多的还只是一些预设规则，远未如人类所理解的'常识'那么丰富"。

五是自我意识。很难说清到底什么是自我意识，但我们又总是说，机器只有具备了自我意识，才叫真的智能。而今天的弱人工智能远未达到具备自我意识的地步。

六是审美。审美能力同样是人类独有的特征，很难用技术语言解释，也很难被赋予机器。"审美能力并非与生俱来，但可以在大量阅读和欣赏的过程中，自然而然地形成。审美缺少量化的指标，审美是一件非常个性化的事情，每个人心中都有自己一套关于美的标准，但审美又可以被语言文字描述和解释，人与人之间可以很容易地交换和分享审美体验"。这种神奇的能力，计算机目前几乎完全不具备。首先，"审美能力不是简单的规则组合，也不仅仅是大量数据堆砌后的统计规律"。其次，"审美能力明显是一个跨领域的能力，每个人的审美能力都是一个综合能力，与这个人的个人经历、文史知识、艺术修养、生活经验等都有密切关系"。

七是情感。欢乐、忧伤、愤怒、讨厌、害怕……"每个人都因为这些情感的存在，而变得独特和有存在感"。我们常说，完全没有情感波澜的人，与山石草木又有什么分别？也就是说，情感是人类之所以为人类的感性基础。今天的机器完全无法理解人的喜怒哀乐、七情六欲、信任与尊重……

但从技术的社会价值来看，"人工智能的社会意义将超越个人电脑、互联网、移动互联网等特定的信息技术，甚至有极大的可能在人类发展史上成为下一次工业革命的核心驱动力"。"技术不仅仅是技术。技术的未来必将与社会的未来、经济的未来、文学艺术的未来、人类全球化的未来紧密联系在一起"。人工智能不仅是一次技术层面的革命。人工智能因为对生产效率的大幅改进、对人类劳动的部分替代、对生活方式的根本变革，而必然触及社会、经济、政治、文学、艺术等人类生活的方方面面。人工智能的未来必将与重大的社会经济变革、教育变革、思想变革、文化变革等同步。我们无法抛开可能产生的就业问题、教育问题、社会伦理问题等单独讨论技术本身，这就像我们无法抛开人类思想的启蒙而单独谈论文艺复兴时期的雕塑、绘画与音乐作品一样。"人工智能可能成为下一次工业革命的核心驱动力，更有可能成为人类社会全新的一次大发现、大变革、大融合、大发展的开端"。

如此，人类将如何变革？

人工智能将改变全世界各行各业的现有工作方式、商业模式，以及相关的经济结构。那么人类应该如何应对呢？最基本的一点，当人工智能开始大规模取代人类工作者的时候，我们应该做些什么，才能避免人类大批失业、社会陷入动荡的危险局面呢？

从刀耕火种时代至今，人类历史上的协作分工，基本都遵循一个类似金字塔形状的社会结构模型：少数人影响、领导和指挥较多的人，较多的人再进一步影响或管理更多的人，逐级向下，金字塔底层是大量从事简单、重复性劳动的人。无论是在古罗马的奴隶社会，还是在中国汉唐直到明清的皇权社会，抑或是在今天的现代社会里，人们总是努力寻求这种金字塔结构的平衡。即使是人工智能时代，金字塔结构也不一定坍塌，更多的可能是在现有基础上进行自我调整。因为人工智能虽将引起社会工作结构的大规模调整，但调整的结果不等于大量从事简单工作的人必须去勉为其难地完成高层次的分析、决策、艺术等创造性的工作。即便是处在金字塔中层或顶层的人，也将面临人工智能技术的冲击，他们也需要重新适应，比如医生就需要适应与人工智能协同工作提高诊断效率。

在各种挑战面前，人类的教育体制需要重启。整个教育体制应更多地关注素质教育和高端教育，让每个人都有机会学习和尝试各种更复杂或更需要人类创造力的工作种类，培养更多的博学之才、文艺人才、领导人才。同时，职业教育则应及时关注那些涉及人机协作的新技能、新工作，并大力拓展服务业相关的人才培训。只有我们的教育体系不断培养出适应新的金字塔模型，可随着社会结构调整需要，快速灵活完成不同类型工作，发挥人类创造力的人才，人类才不必终日担心被人工智能取代。

有更好的人才，才有更好的未来。在未来，工场机器流水线留给机器人，人会以更加富有创造性的方式与流水线竞争。"人的独特性会体现出来：思考、创造、沟通、情感交流；人与人的依恋、归属感和协作精神；好奇、热情、志同道合的驱动力。根本不是计算能力和文书处理能力，而是人的综合感悟和对世界的想象力，才是人和机器人最大的差别和竞争力。创造者的个性化才是产品的价值所在"。

人工智能时代，程式化的、重复性的、仅靠记忆与练习就可以掌握的技能将是最没有价值的技能，几乎一定可以由机器来完成；反之，那些最能体现人的综合素质的技能，例如"人对于复杂系统的综合分析、决策能力，对于艺术和文化的审美能力和创造性思维，由生活经验及文化熏陶产生的直觉、常识，基于人自身的情感（爱、恨、热情、冷漠等）与他人互动的能力……这些是人工智能时代最有价值，最值得培养、学习的技能"。

其实，与其讨论让孩子学审美，不如先讨论孩子该如何学。"学习方法远比学什么内容更重要"。尤其是在人机相互协作、各自发挥特长的时代里，填鸭式、机械式的学习只能把人教成机器，让孩子丧失人类独有的价值。

人工智能时代最核心、最有效的学习方法包括：

主动挑战极限。喜欢并主动接受一切挑战，在挑战中完善自我。如果人类不在挑战自我中提高，也许真有可能全面落伍于智能机器。

从实践中学习。面向实际问题和综合性、复杂性问题，将基础学习和应用实践充分结合，而不是先学习再实践。一边学习一边实践的方法，有些像现代职业体育选手的以赛代练，对个人素质的要求更高，效果也更好。

关注启发式教育，培养创造力和独立解决问题的能力。被动的、接受命令式的工作大部分都可以由机器来替代，人的价值更多会体现在创造性的工作中。启发式教育在此非常重要，死记硬背和条条框框只会"堵死"学生灵感和创意的源头。

虽然面对面的课堂仍将存在，但互动式的在线学习将愈来愈重要。只有充分利用在线学习的优势，教育资源才能被充分共享，教育质量和教育公平性才有切实保证。

主动向机器学习。未来的人机协作时代，人所擅长的和机器所擅长的必将有很大不同。人可以拜机器为师，从人工智能的计算结果中吸取有助于改进人类思维方式的模型、思路甚至基本逻辑。"既学习人人协作，也学习人机协作：未来的'沟通'能力将不仅仅限于人与人之间的沟通，人机之间的沟通将成为重要的学习方法和学习目标。学生要从学习的第一天起，就和面对面的或者远程的同学（可以是人，也可以是机器）一起讨论，一起设计解决方案，一起进步"。

学习要追随兴趣。通常来说，兴趣就是那些比较有深度的东西，所以只要追随兴趣，就更有可能找到一个不容易被机器替代掉的工作。无论是为了美，为了好奇心，为了其他原因产生的兴趣，这些兴趣都有可能达到更高层次。在这些层次里，人类才可以创造出机器不能替代的价值。

人们将从人工智能时代的大变革、大演进中被释放出来，真正投入我们擅长、我们热爱的领域。基本上，人工智能时代的教育要注重以下几个重点问题：

第一，个性化、定制化的教育该如何设计？如何满足不同学生的需要？如何评估定制化教育的效果？在这里，我们也许更需要人工智能技术的帮忙。当全社会的所有学习者与所有知识传授者被网络连接在一起时，当所有一对一、一对多的教学活动的数据被实时采集起来时，"人工智能技术可以在这个大数据的基础上进行智能分析，帮助人类教育设计者总结得失，监控教学质量，调整课程设计，甚至与人类协作，共同设计新的教学体系"。

第二，教育如何做到可持续化？最有效的再培训和再教育体系是什么？"未来人类有充裕的时间思考自己的兴趣、目标，未来人工智能的普及也给人们转换工作提供了足够的机会或压力"。那么，当一个人希望开始下一个人生阶段的时候，我们的教育体系能否顺利接纳这样的人，并帮助他完成再培训？社会各层面的积极参与，尤其是社会福利层面的保障，对这一点至关重要。

第三，"教育体系的设计必须更早、更充分地考虑全社会的公平性"。利用极度完善的互联网资源和强大的人工智能技术，我们在不远的将来，有可能真正做到高质量教育无差异地普及地球上的每一个角落。这在人类数千年的文明史上，是从来没有发生过的事情。但在线教育、虚拟现实技术、人工智能技术的组合，也许就是解决教育公平的最佳技术方案。"在一个完全定制化的教育体系里，世界上任何一个角落的任何一个学生，都可能根据他的兴趣连接到最适合的老师，享受完全为自己量身定制的课程，得到世界一流的教育"。这看起来是一个梦想，但它指明了一个合理的方向，在朝着这个方向努力的道路上，也许很多困扰文明多时的问题就会迎刃而解。

"人工智能时代，学习或教育本身不是目的，我们真正的目的，是让每个人在技术的帮助下，获得最大的自由，体现最大的价值，并从中得到幸福"。在可预见的未来，人机协作随处可见，人类有大量的空闲时间，或者沉浸在高水准的娱乐内容里，或者追随自己的个人兴趣，或者干脆无所事事。在这样的时代里，压在每个人肩头的工作压力、家庭压力会小很多，人生经历、人生目标以及人的价值观会前所未有地呈现出多样化的特征。

纵观人类发展史，饥荒、疾病，在与自然灾难的斗争中，看来人类是占了上风。但如果是人性自己带来的危险呢？生物科技让我们能够打败细菌和病毒，但同时也让人类自己陷入前所未有的威胁。同样的工具，在医生手上能够快速发现及治疗新疾病，但在军队或恐怖分子的手上，就可能变成更可怕的疾病和足以毁灭世界的病原体。"信息技术的乐观主义者以为通过人工智能技术、互联网思维，就能够构建开放、平等、共享的教育环境，培养具有主流世界观的公民，在人的精神世界构筑和平、幸福图景"。其实，问题复杂得多。"信息技术有可能使人更狭窄，更趋同，更意气用事，打压不同意见者"。

每一个人都是"数字公民",怎样合法地、道德地、负责任地使用信息技术?怎样处理文化差异和多元化社会?怎样处理与他人的关系,并与他人合作?在日益多元化的社会中,价值观、信仰、情感、利益、人际关系等的冲突不可避免,怎样管理和化解人际冲突?诸如此类的问题均对教育提出了挑战。面临时代的骤变,教育该怎么办?教育该如何应对?

第三章 教育的永恒矛盾：
有限性与无限性

面临世纪挑战，要回答好教育的根本问题，需要我们了解教育的有限性和无限性，需要弄明白教育之可为与不可为。"有限性和无限性是对立统一的，在教育中有限性和无限性的关系亦是如此"。我们先来认识教育的有限性和教育的无限性。

第一节 教育有限性与无限性的分类

教育的有限性和教育的无限性随处可见，但对教育发展至关重要的教育的有限性和教育的无限性一般为以下几种：

1. 教育内容的有限性与教育影响的无限性

有人说，教育的影响是无痕的。我们每个人在学习生涯中，总会有几个老师给自己留下深刻影响，这样的影响也许是学习上的，也许是生活上的，又或者是关于做人方面的。这样的影响或许是短暂的，也或许是对你的一生都产生长远的影响，也就是说，"教育的影响是无限的，但是产生这些影响的教育内容也许只是一句话，也许是一个小故事，又或者只是一个动作或眼神"。这就是说"能够产生无限教育影响的是有限的教育内容"。另外，同样的教育内容对不同的人产生的影响也是不同的，这也是有限教育内容产生无限教育影响的一个方面。

2. 教育内容的无限性与教育时间、空间的有限性

"且不说一个人的生命是有限的，单就某一个体而言，受教育的时间也是有限的"，尤其是学校教育，多则三十年，少则十几年，而代表国家社会需求的教育内容则是无限的，特别是进入经济时代，知识的更新日新月异，别说是十几年的学校教育，就算终其人的一生也无法全部掌握人类积累几千年的知识内容，因此，"教育内容无限性与教育时间的有限性之间的对立是尖锐的"，现在很多教育改革，其本质也无非是在解决这一矛盾。同理，"人类开展教育活动的空间也是有限的，对个体受教育者而言，受时间、经费或其他方面的原因影响，其身体活动的空间是有限的"，许多知识的学习无法通过感官获得直观的经验支持，比如说中国学生学习世界地理，不可能到世界各国去实地考察。类似的例子有很多，不再一一赘述。

3. 教育资源的有限性与教育需求的无限性

"教育资源的有限性与需求的无限性之间的矛盾，是社会学研究的基础性矛盾"。在教育中，资源的有限性或者说是稀缺性与需求的无限性之间的矛盾无疑也是不可避免的，由于经济方面的制约，或者是其他方面的原因，教育资源远远无法满足所有人的需求，为所有人所享用。经过多方努力，上述矛盾在一定程度上有所缓解，但是很难完全消除。其实这种矛盾是不可能解决的，"因为资源总是有限的，而人的需求则是无限的，只能尽可能地利用有限的资源来满足更多人的需求，但并非是所有人的需求"。

第二节 教育的有限性和无限性之间的关系

认识到教育的有限性和无限性的存在，我们还需要认清教育的有限性和无限性之间的关系。"教育的有限性与教育的无限性作为矛盾也存在同一性和斗争性"，下面将详细论述教育有限性与教育无限性的同一性和斗争性。

1. 教育的有限性与教育的无限性的同一性

"哲学上矛盾的同一性或统一性指的是矛盾着的对立面在一定条件下的互相依存、互相联结、互相渗透、互相转化的性质。"首先，"教育的有限性与无限性是互相依存的，他们共处于教育这个统一体中，有共同存在的基础，教育的有限性的存在以教育无限性的存在为条件，一旦不存在教育的无限性，也就无所谓教育的有限性了"。同理，"教育无限性的存在也以教育有限性的存在为存在前提"。其次，教育的有限性与教育的无限性在一定条件下可以相互转化。教育的有限性和教育的无限性都是相对而言的，"没有绝对的教育的有限性，也没有绝对的教育的无限性，原本是教育的有限性的也可以转化为教育的无限性，原本是教育的无限性也可以转化为教育的有限性"。前文论述的教育中的有限性与无限性的第一个方面，教育内容的有限性与教育影响的无限性，以及第二个方面教育内容的无限性与教育时间、空间的有限性，可以看到虽然同为教育内容，但是一个是有限的，另外一个是无限的，这两个都是正确的，只不过相对的对象不同而已。相对于有限的时空而言，教育的内容是无限的，而一旦条件变化，相对于无限的教育影响而言，教育内容又是有限的，也就是在一定的条件下，教育的有限性与无限性可以相互转化。

2. 教育的有限性与无限性的斗争

唯物辩证法告诉我们，"矛盾的斗争是绝对的、无条件的，在教育中也是如此，教育的有限性与无限性的斗争是绝对的、无条件的"，比如前面提到过的教育内容的无限性与教育时间、空间有限性之间的矛盾，这二者之间矛盾的存在是绝对的、无条件的，是伴随着教育的始终的，自从出现了教育，这种无限性与有限性之间的斗争和对立就没有停止过。正是为了缓解这一矛盾出现了班级授课制，班级授课制的创立无疑就是为了解决时间的限制性，从而提高效率，即使是现在，很多教育改革实质上也是为了解决教育时空限制的问题，无论是大课型三单元教学法，还是自学辅导法，都是为了使教师在特定的时间内获得最优化的教学效果，传授更多的教学内容，在一定程度上缓解教育内容无限性与教育时间有限性之间的矛盾。

那么，我们该如何合理看待教育的有限性与无限性之间的关系呢？

总的来说，"教育的有限性与无限性之间的关系是对立统一的，我们应该客观、合理地来看待这种对立统一，不应该一味地强调一方面而忽略另一方面，也就是说不能只强调二者的统一，而认为二者之间的对立和矛盾是要消灭的，或者是只强调二者之间的对立和斗争可以促进教育的发展，而忽略二者之间的统一，以至于矛盾冲突激化"。

1. 怎样合理对待教育的有限性与无限性的同一性？

"教育有限性与无限性的同一性指的是教育有限性与无限性的相互依存与相互转化"。首先来看教育有限性与无限性的相互依存，正因为二者互为存在的条件，一方的存在以另一方的存在为前提，因此我们不应该厚此薄彼，应该同等对待，二者均有存在的现实性和合理性。现实中可能存在把教育有限性消除的情况，这种想法的错误之处在于"只看到了教育有限性的局部性以及界限性，而没有认识到教育有限性是教育无限性存在的前提的一面"。总的来说，正确地对待态度应该是认为教育的有限性与无限性均有存在的合理性，而不妄想去消灭任何一方。其次来论述怎样正确对待教育有限性与无限性相互转化的关系。前文已经提到过，"教育的有限性与教育的无限性是相对而言的"，"在一定的条件下，教育的有限性与教育的无限性是可以相互转化的"。在这里我们需要注意的是"在一定条件下"这个关键词，也就是说教育的有限性与教育的无限性不是随便就可以发生转化的，得在一定的条件下，这就告诉我们，要想促使教育的有限性与教育的无限性的相互转化，就得遵循一定的条件，不能根据主观愿望来办事。因此，"我们应该时刻保持警惕，当一定的转化条件出现时，善于抓住机遇把握条件，促使教育的有限性与教育的无限性的相互转化，从而克服教育中的某些弊病。同时，当一定的转化条件没有出现时，我们应该发挥主观能动性，创造转化条件，实现二者的相互转化"。

2. 怎样合理对待教育的有限性与无限性的斗争？

根据前文所述，我们知道教育的有限性与教育的无限性之间相互对立斗争是不可避免的，不过中华民族素有"大一统"的思想观念，总是不愿意看到矛盾和对立的存在，总是想方设法地去消除或者是去解决这一矛盾，又或者是消极对待这一矛盾，刻意回避。其实，这两种做法都不利于教育的发展，都忽略了"正是由于矛盾双方的互相对立和互相斗争，打破了原有条件的界限，才使一个事物转化为其他的事物，不断地向前发展"。也就是说"正是因为教育的有限性与教育的无限性之间的对立和斗争，教育才会不断地向前发展"。因此我们应该承认教育的有限性与教育的无限性之间矛盾存在的合理性，不应该因为某种原因而刻意地去隐瞒这种矛盾。同时，"我们又要利用教育的有限性与教育的无限性之间的矛盾、斗争，促进教育的发展，使教育更上一个新的台阶。在教育中我们应该善于发现有限性与无限性的矛盾，使教育总处于不断的矛盾之中，通过不断地解决矛盾来实现教育的发展"。总的来说，在教育中发现教育的有限性与教育的无限性的矛盾并不可怕，可怕的是不能充分利用矛盾双方相互斗争来促进发展，而只是一味地陷入现有的矛盾之中不能自拔。

幸运的是，21世纪来临，技术发展将在一定程度上帮助我们解决教育的有限性和无限性之间的矛盾，在公平目标和全球竞争之间找到平衡，但如何做到目前还不十分清楚。我们对教育的重新思考旨在发现一些策略，能为社会中的每一个人提供新的教育资源，激发人们利用这些资源的动机。这要求我们不能孤立地反思教育，而是考虑社会、教育和学习之间的相互作用。

1. 重新思考学习

我们在成长过程中一直认为学习意味着在学校上课。但由于新技术将学习搬到学校的围墙之外，将教育与学校教育等同的观点正在慢慢瓦解。从某种意义上说，学校教育与学习的分离也许将我们带回到这样一个时代：个体常常在家长的有效指引下，协商自己的学习经历。

随着学习在校外开始发生，我们对于学习概念的认识将变得更宽泛，我们会看到更多始于课堂并扩展到其他情境的混合经验。教育会遵循在家教育的方法，强调田野旅行、与同伴互动、玩儿电脑游戏甚至是利用技术工具教别人。例如几个学生和一个教计算机编程的教师商量把他们自己的电脑带到学校，并将他们连接到同一网络以便一起玩儿多人游戏。当新的学生加入俱乐部中，最初的学生便会把自己已经学会的东西教给这些新人。后来，当这位老师接到一个帮助附近学校建立网络的任务时，这些学生帮助他设计、建立网络，并帮助他动员其他学校的学生一起使用他们的全新网络。尽管所有这些学习都发生在学校场景中，但这不是"真实的学校"学习。我们的教育愿景是围绕着终身学习思想建立的。终身学习需要远离高度结构化的学校教育机构。学习者需要发展技能，去判断学习场地及各种提供指导和建议的社交网络的质量。社交网络的兴起指明了技术如何复制学校的支持与引导功能。这些网络将年龄和背景各异的人们聚集到一起：一些人已具有相当程度的专长，另一些则完全是新手；一些人通过潜水学习，另一些人则通过提问学习；网络中的各个群体也许会共同调查一些感兴趣的主题，或争论他们认为重要的问题。然而，这些成功的网站都有着提供有用信息以引导用户兴趣的特点。例如每种已知的疾病和紊乱都有相应的网络用户群和社区，全国的医生都知道他们的诊断正受到日益见多识广的病人群体的评判。这类社交网络围绕着那些不同群体的人特别感兴趣的各种主题而蓬勃发展，这些主题包括诗歌、音乐、数字图像、梦幻体育等等。一些可靠的信息网站，正在替代制度性学校教育常见的主要部分，如咨询部门、经济援助中心，甚至是辅导和家庭作业服务。

如果我们对于学习的思考没有改变，那又会如何呢？如果学校变革无法快速跟上学习技术的进步，学习将会把学校教育抛在后面。例如泰国和巴西的年轻人使用便宜的电脑就能与发达国家的年轻人同时接触到相同的学习资源，许多人会选择利用这些资源去摆脱贫困。在很多方面，他们将会成为一种新型的21世纪移民——并非移民到一个新的国家，而是运用信息网络来转变自己的思想。由于老一辈人仍然持续地将既有的学习方法强加于学校，技术将会在教育体系中充分利用关键的学习资源，如学习动机、注意力和资源。试图重申学校教育等同于学习，必然会导致失败。

2. 重新思考动机

目前的学校系统并不能帮助学生发展学习的内在动机。不甚理想的课堂经历使学生逃离学习的愿望更加强烈。有报告显示，50%的高中生在课堂中感到厌烦，认为他们的学校生活"无聊且毫不相干"。改变这些针对学习的根深蒂固的态度，意味着既要改变教与学的过程，又要改变成功完成学校教育后的奖励制度。幸运的是，学习技术提供了一些如何提高学生学习动机并使得学习内容更有活力的方向。为了培养一代追求学习的人，学习者需要对自己的学习有更多的控制，如访问网络、教学阅读的机器、需要时提供的辅助、能培养深度知识和创业技能的电脑游戏。

通过鼓励学生深入探究他们特别感兴趣的主题，可以培养学生对于学习的热爱，就像实行在家教育的父母所做的那样。玩儿历史实时策略游戏的小孩，开始借阅关于古代文明的书籍，并能在中学取得更好的成绩。视频游戏不会像很多教师和学校领导者害怕的那样，会将学生的注意力从学校中转移；相反，它们能够提供一种让传统学校内容更具吸引力的方式，并能鼓励学生再给课堂教学一次机会。通过理解新技术如何鼓励孩子们为自己的学习担负责任，社会也许能帮助培养一代寻找各种方式去学习的人。

学生更多地控制自己的学习，与学校中实行的机构控制的学习背道而驰。培养自主学习需要挑战当前的政策假设，这些假设强迫学校在相同的时间教每个人相同的内容。将计算机整合到学校教育的核心，而非边缘，有助于学习者在充分的支持下学习个性化的、互动的课程。这类系统通过选择能反映学习者最近学习记录的任务，来控制挑战的难度。当学生需要的帮助超出计算机提供帮助的能力时，教师可以伸出援手。这种个性化的学习能够在你不能理解别人所掌握的某种知识时，免受看起来表现糟糕的耻辱。

技术指向的另一种培养学生热爱学习的方式是通过设计以及生产。精明的电脑游戏开发者早就觉察到，如果产品包含能改变游戏环境的设计工具，便会极大地提高游戏的重玩价值以及用户对他们游戏的忠诚度。让学生去完成有意义的任务，能够帮助学生理解他们为什么要做正在做的事情。当复杂的苦差事突然变得情境化并获得了新的重要的意义时，学生们更愿意花费时间"把它弄好"。社会需要理解新技术如何让孩子和成人学习，以便重新设计我们的学习环境，为所有的学习者提供积极的动机感受。

3. 重新思考重要的学习内容

当然，提供学习的内在动机也需要我们重新思考成功完成课程学习的奖励。学校提供的课程与知识经济中获得成功所需的技能并不匹配。现代学校的核心课程仍然根植于"中世纪的三艺，包括逻辑、语法和修辞，以及四学科，包括算术、几何、音乐和天文"，这些组成了文科的基础，并占据了当代学校和大学学习课程的主要部分。几个世纪以来，我们增加了一些课程，如历史、地理和科学，但是基本的课程组织仍反映了其历史积淀。

一个社会需要全力应对的问题是，这是否是培养生活在富技术资源时代的学生的最佳课程。传统课程的支持者认为，现在比以往更需要经典的思维与习作训练；进步的教育者认为，新时代需要新的文化素养技能和数学推理技能。然而，在学校中，两大阵营之间的相互妥协往往是大体上用经典的学科来组织内容，但却剔除掉经典内容的严密和情境。因此，科学被当作一套事实而不是组织观察和实验的方法来加以学习，几何学以一种没有历史感的方式呈现。由于我们仅将教育看作学校中发生的事情，对于什么是学习的重要内容，这种妥协课程提供的是狭隘并且相当贫乏的观点。

"新技术资源明确影响什么是重要学习内容的有两个领域：交际与数学"。在21世纪的交际行为中，学习读写这样的核心文化素养实践，与更实用的生产和展示实践之间的界限正变得模糊。创造多媒体文档，将视频组合到一起并进行评论，在网络上寻找信息和资源，理解图像和图形，这些都成了交流的重要方面。新技术提供有趣的方式，在基础素养和实用素养之间进行过渡。

◆ 基于学生发展核心素养的学科教育创新

技术对学习的一个深刻影响与网络上知识的易得性相关。在过去，人们不得不记住大量信息，来做出严谨的决定，正如医生必须做出准确的诊断一样。"但是随着知识能够轻松地获取，人们更加依赖外部记忆帮助解决问题"，我们可以用医生使用的技术来说明这一现象。目前已经开发出帮助医生进行诊断的在线系统，医生可以将症状输入系统，系统就能建议可能的诊断供医生思考。在这种方式下，医生不需要记住每一种症状与诊断之间可能的对应关系。医生仍然需要应用他们从经验和与病人互动中获得的个人知识来做出决定，这些系统基本上是作为记忆辅助。同样的，"网络除了提供关于普天之下每一个主题的最新信息以外，还能提供强有力的记忆辅助。因此基本技能不再是记忆，而是知道如何在网络上获得你想要知道的知识，包括如何评价你所找到的东西，因为不同网站的可信度不同"。这就是说，"人们需要发展新的学习技能而不是掌握更多的信息"。

对于学生需要知道什么，美国纽约的一所高级中学提出了一个新规范，能给我们一些借鉴和启示。这所学校强调学生应该提问并回答反思性问题，这些问题应符合五个思考习惯："第一，我们是从什么角度看到、读到、听到这个内容？第二，我们如何知道我们所知道的内容？证据是什么？可信度如何？第三，事情、事件或人是如何关联的？因果关系是什么？它们是否符合？第四，如果……会怎么样？事情是否可能会有别的方式？其他的选项是什么？第五，那又如何？它为什么重要？这些都意味着什么？谁在乎？"这些问题是学生在学校一切行为的中心，甚至是评价学生是否学到足够的东西可以毕业的标准。这些问题对学校所教内容的定义进行了拓展，包括了"富技术时代适应性思维所需要的思考和行动"。

第四章 学生发展核心素养

当今社会是全球化与信息化的社会，世界各国的新的一代或学生，为了提高竞争力以应对全球化与信息化发展等需要，应该具备"有国际意识、国际交流能力、国际竞争力、创新精神和实践能力，以及信息素养"的21世纪人才观。"在人的发展上，以追求教育公平为出发点，保障每个人都享有共同基础教育的权利，并倡导终身学习"。在教育上，世界各国以人力资本为根据，各自制定教育发展战略。

1996年，联合国教科文组织在《教育：财富蕴藏其中》的报告中，界定了"21世纪社会公民必备的基本素质"，"即终身学习的四大支柱：学会求知、学会做事、学会共处、学会做人"。2003年，联合国教科文组织教育研究所又提出了学会改变的主张，并将其视为"终身学习"的第五支柱。

经济合作与发展组织（简称OECD）于1998—2003年期间开展的"素养的界定与遴选"项目，以PISA等国际评价项目的统计数据为证据支持，提出了包括使用工具互动、自主行动、在异质群体中工作三大类别的核心素养的概念框架。并以此为基础，将核心素养体系概括为人与社会、人与自己和人与工具三个方面。

欧盟（EU）2005年发表的《终身学习核心素养：欧洲参考架构》正式提出终身学习的八大核心素养：母语沟通，外语沟通，数学能力及基本科技能力，数位能力，学会如何学习，人际、跨文化与社会能力及公民能力，创业家精神，文化表达。同时提出贯穿于八大核心素养之中的共同能力，如批判性思维、创造力等。

美国"21世纪素养"框架以核心学科为载体，确立了三项技能领域。（如图4-1）

（1）学习与创新技能。包括批判性思维和问题解决能力、创造性和创新能力、交流与合作能力。

（2）信息、媒体与技术技能。包括信息素养、媒体素养、信息交流和科技素养。

（3）生活与职业技能。包括灵活性和适应性、主动性和自我指导、社会和跨文化技能、工作效率和胜任工作的能力、领导能力和责任能力。

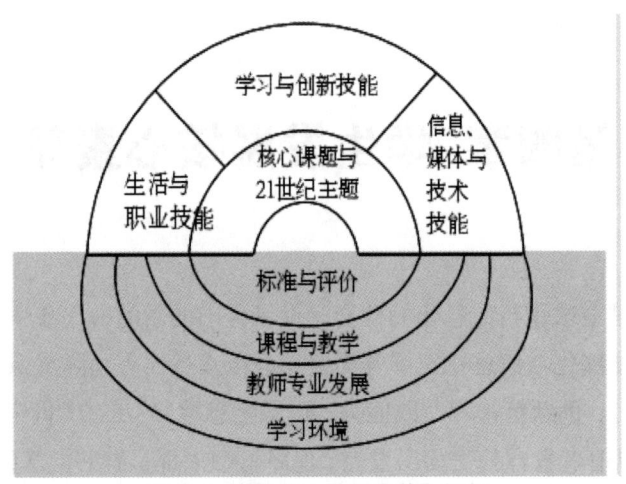

图 4-1 美国"21世纪素养"框架

加拿大形成的核心素养，他们称之为"九大基本核心技能"，即阅读能力、写作能力、文档应用能力、数学能力、计算机应用能力、思考能力、口语交际能力、与他人共事的能力、持续学习能力。

在芬兰，学生的核心素养在国家课程标准当中有明确规定。芬兰根据当代以及未来社会对公民、欧洲国家对公民的要求，规定了学生需要具备的核心素养，将素养划分为七大主题：成长为人，文化认同与国际化，信息素养与交际，参与行使公民与企业家的权利，对环境、健康和可持续发展的将来的责任感，安全与交通，技术与个体。根据这七个主题，再逐步分解到各个学科中去。

2010年，新加坡教育部颁布了新加坡学生的"21世纪素养"框架。（如图4-2）

核心价值观包括尊重、负责、正直、关爱、坚毅不屈、和谐。社交与情绪管理技能包括自我意识、自我管理、社会意识、人际关系管理、负责任的决策。公民素养、全球意识和跨文化交流技能，包括活跃的社区生活、国家与文化认同、全球意识、跨文化的敏感性和意识。批判性、创新性思维包括合理的推理与决策、反思性思维、好奇心与创造力、处理复杂性和模糊性。交流、合作和信息技能包括开放、信息管理、负责任地使用信息、有效地交流。

2008年，日本修订颁布了最新课程标准——《学习指导要领》，将培养学生的"生存能力"定为义务教育的基本目标，关注八个方面的素养：语言能力、科技应用能力、外语能力、注重传统文化、实践能力、道德素养、身体健康、参与社会活动的素养。

图 4-2 新加坡 "21 世纪素养" 框架

综上所述，在这一轮新的教育探索中，由于各国际组织和国家的出发点、服务对象和政治经济文化制度等方面的差异，在指导 21 世纪 "核心素养" 研究上可以分成这样不同的四种价值取向："OECD 代表的以培养完整人为导向的价值取向；联合国教科文组织和欧盟代表的以终身学习为导向的价值取向；新加坡代表的以个人发展为核心的价值取向；美国代表的以未来职业需求为导向的价值取向。"

国际组织和世界各国关于核心素养体系的构建都在试图回答同一个问题：到底培养什么样的人才可以面对未来挑战？在这样一个多元的、急速变化的时代，传统上那种知识本位的教育已无法适应日益复杂的未来挑战。

第一节 国内外核心素养研究概况

从研究文献数量的情况来看，其一定时期的增长和变化可以反映该时间段某一主题或者学科的关注度、重要性及研究发展态势。以高中学生素养这方面主题的研究为例，从发文增量看，21 世纪以来国际上针对高中学生素养的研究经历了四个发展阶段：（1）2000—2006 年，这期间年均发文数量不足 20 篇，是起步阶段；（2）2007—2014年，文章逐年增长，具有明显的增长势头，表明核心素养越来越多地受到人们关注；（3）2015和2016年，研究该主题的论文数量增速开始加快，年发文量达到100篇以上，发展态势蓬勃，彰显出研究的新活力；（4）2017年这方面的文献数据突然下降至86篇，表明国际学界对高中核心素养的研究有了降温的趋势，由"热"进入到冷静的反思。

梳理这些年国际学界针对高中学生核心素养的研究，其热点体现在以下几个方面：有关核心素养的研究方法、落实核心素养的教学方法、针对核心素养采取的评价、核心素养落地的课程体系构建以及培养学生的创造性和竞争力。而数字化学习、批判性思维、情感素养等跨学科素养及合作解决问题的能力、游戏化教学等主题，是高中学生核心素养研究的前沿。

国际上针对学生核心素养研究多采用问卷调查、案例研究、量化研究、元分析等较为规范科学的方法，同时借用了人类学、社会学的方法，如深度访谈、叙事研究、质性研究、基于语境的研究等形式，研究方法向多元化方向发展。但我国的素养研究方法还比较固化，一般是"素养内容分类，归纳现状，提出改进策略"这样的套路，还停留在单一的以思辨式分析为主的方法上。这种研究不仅缺乏素养培养的理论依据，还缺少对我国学生当下核心素养现状的整体跟踪和评价等深入研究。我们若想在更深更广的层面与世界学者对话、缩短与国际研究的差距，就非常有必要突破思辨式研究的瓶颈，改变单一的研究模式，运用多样化研究方法，促进研究方法的科学化和规范化，以呈现我国学生发展的现状和研究成果。一方面加深研究，在纵向上下深功夫；另一方面多视角解读问题，在广度上拓宽思维。除加强量化研究外，还可尝试社会科学、自然科学等跨学科研究方法的融合，加强与心理学、脑科学等实验研究的结合，以促使尽快形成我国学生核心素养研究的基本立场和学术规范。

国际学界一直重视学生核心素养的评价研究。当今世界，许多国家开始了基于核心素养的教育和课程改革，通过教育评价来引领课程改革，把课程开发与基于评价监控的课程实施纳入统一的框架内。在我国，在北师大2016年9月发布的《中国学生核心素养框架》中，明确提出了通过教育评价落实核心素养并建立基于核心素养的学业质量标准的建议。2018年1月，教育部发布的2017版《普通高中课程方案》将发展核心素养作为实施方案的一个重要目标。方案提出了围绕核心素养开展教学与评价的指导意见。可见，科学、务实的评价体系既是落实核心素养的必然要求，也是检验 2017 版《普通高中课程方案》效果的最好参照。

在进行核心素养的评价研究中，有两个重要的考虑要素。首先，借鉴国际经验，"我们进行核心素养评价的研究，要综合考虑当前学生所处的时代背景、核心素养的本质特征、实施核心素养的重点、核心素养的评价方法、评价核心素养的维度等一系列问题，构建核心素养评价的框架和思路"。（见表 4-1）。

表 4-1 核心素养评价思路

核心素养的评价维度	素养品类—表现水平—机会标准。学生学习活动的信念、态度、能力。在任务中整合知识的能力和某项技能的提高。
核心素养的评价方法	在复杂和真实的任务中评价核心素养。摒弃自上而下的强制和由外而内的介入式评价方式。
核心素养的实施重点	关于学习的知识；自我学习和终身学习能力；在复杂、真实的环境中运用知识。
核心素养的本质特征	在不同的环境中表现不同的素养，关键是在复杂情境中解决问题的能力和高阶思维。
核心素养的时代背景	文化多元的时代、多边的学习和生活场所；通过网络获取信息；沟通超越时空和形式限制。

其次，下述领域所涉及的学生核心素养的评价方法需要重点研究：社会情感素养、合作解决问题的能力、信息素养和数字学习素养以及跨学科素养。在这方面，我们可以借鉴和参考国际上已有的研究成果，在学习借鉴的同时，进行本土化的研究创新，也是一种有效的方法。例如澳大利亚墨尔本大学评价中心的帕特里克·格里芬教授领衔的团队，聚焦于学生的数字化学习能力和合作解决问题能力的评估研究，目前已拥有了一系列框架清晰、极具操作性的成果。研究这些成果并使之本土化，不仅可以帮助我们构建评价学生核心素养的框架，而且更有助于我们以此为依据，研制学生核心素养的课程实施办法。

开展基于核心素养的高中课程实施研究是国际学界研究核心素养的一个重要命题，具体课程实施办法体现了以下几个关键点：

首先，需要对整体制度进行建构并找准核心素养的关键因素，厘清实施核心素养的层级关系。"核心素养的实施是一项系统的工程，统筹协调各层次和各方面的因素非常重要"。从欧盟等国的实施经验看，"决定基于素养的课程改革有两个关键因素，一是政策支持，二是执行能力。支持的有无、执行力的强弱，使得二因素的不同组合方式会出现四种不同的效果。只有在政策有力、实施能力强大的情况下，课程改革才有望实施"。因此，实施基于核心素养的课程方案，既需要国家、省和地方三级教育行政部门的政策保障，又需要学校及教师多个方面强而有效的执行力，能够透彻理解课程实施的逻辑和规程，恰当运用各项政策以及其他工具。课程方案得以有效实施，必须明确以下四方面的因素：（1）明确表达课程文件中的核心素养相关目标及评价标准；（2）关于评估核心素养的标准与方法在国家、地方与学校三个不同的层面要一致；（3）增强教师在课堂层面贯彻基于核心素养的教学改革实践的能力；（4）营造良好的课程改革的氛围，全校支持教学创新，全员改造改革环境。另外，改革的配套要跟上，比如对校长领导能力的强化、国家教育制度的创新、教育评价制度和方法的改革等等。

其次，定期开展学生核心素养现状调查。一方面，可以准确而全面地掌握学生养成核心素养的基础，在此基础上制定出核心素养的各项基准与指标，为各项政策和实施办法提供科学性和可行性依据；另一方面，通过调查适时监测基于核心素养的课程改革实施的效果。

最后，打破学科壁垒，探索跨学科培养学生核心素养的可能性路径。目前我国的学生教育培养体系依然在知识本位和学科本位的体系中运行，但中小学学生培养的要求及国际上中小学学生核心素养的研究走向表明，"面向21世纪生活的批判性思维、信息素养及数字学习能力、解决复杂问题的能力、社会交往与合作的能力等重点领域的素养，均需要突破学科限制，各学科联合来培养学生综合的能力与素养"。因此，实施新的课程标准，"除了在学科教学方面培养深度思考与思维能力外，更需要整合不同学科内容，设置跨学科主题的课程，提出问题解决导向的课题任务，以问题和需求为导向，让学生能够跨越不同的学科，接触不同社会领域，经过培养之后要能够成为面向社会需求，解决社会问题的人"。教师要更多地运用启发式、探究式、讨论式、参与式的教学方式，鼓励学生开展小组合作式、主题探究式等多种学习方式，从而培养学生能适应不同情境和不同需要、运用自身的综合素养去解决复杂问题的能力。当前社会知识更新的速度很快，因此未来教育要让学生在了解知识、掌握知识的同时，更要注重培养学生发现知识、创造知识的能力，在实践中发现需求、提炼出问题，创造出新的知识来解决问题。"未来教育一定是具备重实践、重能力、体验式的特点，而不是现在只学习单一的学科"。

基础教育改革是推进素质教育的重要措施，我国的基础教育正处于不断发展的阶段，有国家统一设置的课程标准。自1996年7月《基础教育课程改革纲要》

试行以来，经历了各学科课程标准研制阶段、实验推广阶段和全面实施阶段，经历了 20 多年的基础教育改革历程。2010 年 7 月颁布的《国家中长期教育改革和发展规划纲要（2010—2020）》，规划了我国基础教育的走向和任务，提出"基础教育应把促进公平作为国家基本教育政策，把提高教育质量作为发展的核心任务，义务教育阶段应着重于加强教育水平、推进义务教育均衡发展和减轻课业负担等三个方面的改革，高中阶段着重于普及化、提高学生综合素质和多样化发展三个方面的改革，最终的目标在于基本实现教育现代化，形成学习型社会，培养学生的社会责任感、创新精神和实践能力"。《纲要》提出基础教育改革的实质是"立足于责任、价值观念和人才培养模式的转变，进而引导学校对培养目标、学习课程做出变革，以适应基础教育的发展趋势"。主要聚焦在七大转变上，即：课程状态重在从关注知识传授向关注核心素养转变；课程内容从单一到多元；课程实施从接受学习到主动建构；教学方式由静态转为动态；课堂由唯师到师生合作学习；教学评价立足于学生发展，由终结性评价到形成性评价；学校职责从重知识到重融合、重成长。《纲要》立足于每位学生的发展，德育优先，实践性和创新性凸显。

现阶段我国基础教育发展主要聚焦在以下四个方面：一是凸显出以学生为本、弱化学科本位论的趋势，强调促进学生的发展才是课程开发的着眼点，课程开发应关注学生与不同学科的关联、师生关系和素养发展。二是从关注基础知识、基本技能的"双基"转向了 21 世纪教育委员会提出的学会求知、学会做事、学会共处和学会做人四种基本能力的发展，促进学生具有素养意识，但在学生基本学习能力和基本观念态度的教育实践方面尚需加强。三是关注人文教育，有适度加大人文学科课程比重的趋势。立足怎么做人，凸显道德教育和人文教育氛围的构建、教学内容方法的改革，在基础教育阶段逐渐加大人文学科课程的比重是培养学生人生观和价值观的有效途径，也是未来教育发展的方向。四是"基础教育课程从学术化到综合化、生活化、个性化和信息化的转变"。我国以往及现在基础教育的难题是课程脱离社会实践、学科割裂的现象较为严重，基础教育一直受其困扰。现阶段提出课程整合的目标是在不脱离学术教育、保障学科学习特点的基础上，加强课程与社会实际生活、科技等各领域的有效融合，尤其是信息技术与学科的融合，促进课程资源的开发，促使课程多元化，有效实现教育发展的不平衡性。

总的来说，我国基础教育有关核心素养的研究主要包含以下五个方面的内容：国内核心素养研究的源起、核心素养的内涵解读、核心素养的内容框架研究、核心素养的意义研究以及核心素养的教育实践研究，包含从宏观、中观到微观三个不同的研究层次。

一、国内核心素养研究的源起

笔者在知网上以"核心素养"为篇名进行检索时发现，国内专门针对核心素养的研究开始于2012年前后，在此之前国内的研究主要是关于职业素养、媒体素养、信息素养和各学科素养（如语文素养、地理素养等）的研究，其中有关学科素养和信息素养的研究为新时期提炼核心素养内涵和核心素养理论体系的研究发挥了基础性作用。从国家教育方针的角度来看，2012年，中国共产党第十八次全国代表大会提出的立德树人的教育目标为我国核心素养的研究提供了方向引领。2013年5月16日，针对中国核心素养的"我国基础教育和高等教育阶段学生核心素养总体框架研究"重大项目正式启动，表明我国关于核心素养的研究正式拉开序幕。2014年4月，教育部颁布的《关于全面深化课程改革—落实立德树人根本任务的意见》中指出："研究提出各学段学生发展核心素养体系，明确学生应具备的适应终身发展和社会发展需要的必备品格和关键能力"，并将学生发展核心素养体系的研制与构建作为推进课程改革深化发展的关键环节。该文件的颁布为核心素养理论的深入研究和实践开展指明了方向。

二、核心素养的内涵解读

从结构维度来探讨核心素养内涵的学者认为学科核心素养是理解核心素养的基础，认为学科核心素养由三个层面构成：最底层是以基础知识和技能为核心的"'双基'层"；中间层是"问题解决层"，以基于问题解决过程中所习得的基本方法为核心；最上层是"学科思维层"，指在系统的学科学习中通过体验、理解及内化等过程逐步形成的思考和解决问题的思维方式和价值观。进而，通过对学科核心素养的分析，有学者认为核心素养也由以上三个层次构成。但细究其论证过程，这种从学科核心素养的层次结构分析直接过渡到整体核心素养的内涵结构层次的论证方式值得商榷。

还可以从本质维度来解读核心素养的内涵。可国内有关核心素养的本质研究较少，这个维度的解读多为国际或国内经验的总结，缺乏深入的剖析。而本质问题是核心素养的根本问题，对其本质的厘清对于核心素养的深入研究和教育实践的开展有至关重要的作用。国内学者对核心素养的本质认识和研究多从教育目的的角度来探讨，例如，有学者认为核心素养围绕着学校教什么、学生学什么的基本教育问题的本质问题，实质上是教育的目的问题。通过梳理中国和西方的教育目的，这些学者认为教育要尊重学生的天性和教育的规律，从学生的角度来确定教育内容，学生发展是教育的起点，也是教育的终点。另外一些学者则从基础教育课程建设的角度出发，认为核心素养是学校教育的总目标，将核心素养的本质看作是总的教育目标。除此之外，还有学者将基础性视为核心素养的本质属性，认为基础性是核心素养最根本的特性，把握住基础性，才能把握住核心素养研究与发展的命脉。这实际上是对核心素养的本质属性的认识，而非本质的研究。

三、核心素养的内容框架研究

"核心素养的内容框架是核心素养理论体系的核心内容，明确的内容框架，给教育评价提供了可以测量的内容指标，而且学科核心素养作为核心素养的下位概念，也要依据核心素养的内容框架来拟定和筛选，进而指导各学科的教育实践过程，从而开展以核心素养为中心的新一轮课程改革"。核心素养的内容框架是学科核心素养界定和落实的前提。针对我国核心素养内容框架的研究，主要包括内容框架的制定依据和具体指标这两方面的内容。

关于内容框架的制定依据，国内学者在社会、个人与社会相结合这两个角度存在一定的分歧。有学者认为内容框架的制定依据应该是社会，因为从更广泛的社会出发，能够对于世界变化的整体性和全球教育领域的共通性有更为明确的把握，并且能够以宏大的视野把握未来教育的趋势。而另一些学者则通过比较分析国际核心素养的特点和框架内容，认为我国核心素养框架的制定应该从个人和社会相结合的角度来考虑，要兼具个体发展和社会需要这两个方面，在内容中实现个体价值和社会价值的和谐统一。有学者则通过分析 DECD 确定与选择核心素养的逻辑经验，认为我国核心素养框架的制定需要考虑个体和社会两个方面的要求，而不能将其逻辑起点定位在个体或社会的某些方面。

针对核心素养内容框架的具体指标，有的学者提出了要注重创新能力的培养，有学者认为创新能力作为 21 世纪人才所必备的素养，应该作为我国核心素养的核心内容来加以强调，这不仅因为创新能力具有很强的综合性，而且也是国家发展、提升竞争力的需要。有学者则认为自主学习能力是核心素养的核心，应该借鉴相关国际经验构建我国学生自主学习能力框架。经过大量调研和筛选论证，2016 年 2 月，核心素养研究课题组公布了《中国学生发展核心素养（征求意见稿）》，其中列出了核心素养的总框架和 6 项指标，指标中明确指出学生发展核心素养以"全面发展的人"为核心，包括自主发展、社会参与和文化基础三个领域，综合表现为学会学习、健康生活、责任担当、实践创新、人文底蕴、科学精神 6 项指标。由此，我国学生发展核心素养的内容框架基本确立。

四、核心素养的意义研究

国内学者对核心素养的意义研究主要集中在两个方面：一是从学生个体发展维度，二是从教育改革的整体维度。从学生个体发展维度来看待核心素养的意义，有学者认为"核心素养"的提出和落实有利于提高学生自身的竞争力，以便更好地适应社会，同时也更关注学生的道德品质和文化涵养，更重要的是核心素养具有的发展性将成为学生的终极价值追求，成为影响人一生的优良素养。有学者则从学生发展的角度探讨了核心素养的个体价值，他们认为，核心素养对于学生个体的成长发展具有根基性和支撑性的作用，"它是学生发展之根基，可以生成；它是学生发展的支柱，支撑着学生未来发展"。从教育改革的整体维度，国内学者普遍认为核心素养对新一轮教学改革、课程标准制定和课程改革有引领作用，如有学者认为中国学生发展核心素养体系的建构，其意义不仅能在国际上体现中国教育顺应世界教育改革的潮流，提升我国教育的国际竞争力，并且在国内对于深化教育领域改革和全面实施素质教育也有着现实的指导意义。有学者认为核心素养实现了学校的教育价值，并且为新时期课程改革的深化和人才质量标准的制定提供了新的命题和机遇，有利于实现教育改革实践的育人价值。有学者则从教育质量和教育评价的角度阐述了核心素养的教育意义，他们认为核心素养为检测教育质量和促进教育评价的改革提供了重要依据，同时核心素养的未来指向性和发展性能够使其指引未来基础教育改革的方向。

五、核心素养的教育实践研究

核心素养的提出在课程改革教育实践和课堂教学实践中占据统领地位，因此伴随着核心素养理论体系的完善，学界对以核心素养为基础的教育改革研究也逐渐增多。总结国内学者对"核心素养"教育实践的研究内容，"包含了宏观、中观和微观这几个层面，宏观方面包含了课程标准和学业质量标准等内容的改革和重新修订，中观方面包含了学科核心素养研究、教学评价和教材编写等内容，微观层面包含了学校和教师层面的教育实践，如学校课程改革和基于核心素养的教师培养等方面"。

（一）基于核心素养的宏观教育实践研究

我国核心素养的研究与课程改革齐头并进，国内学者针对基于核心素养的课程标准、课程体系建设和学业质量标准等研究内容提出了各自的见解。

有学者针对核心素养的具体指标在各个学段的表述和衔接问题提出了具体要求，"强调要分别针对小学、初中、高中和大学的不同阶段和年龄的学生素质水平差异，研究不同学段核心素养具体指标的表现特点和水平，以更好地实现中国学生发展核心素养框架在不同学段的良好衔接和贯通"。

有关课程体系的建设内容，有学者通过分析我国现行课程标准、质量标准和教学与课程建议三方面的不足，提出"当前我国的课程改革要与世界教育改革同步，就需要建立以核心素养为基础的课程体系，以实现提高学生适应未来社会的能力，实现人才培养。其课程体系应包括四个部分：具体的教学目标、各学科内容标准、教学建议（包括讲授内容、讲授方式、教师培训等方面）以及质量标准"。

有关课程标准的建设，有学者通过总结国际或地区学生核心素养的课程标准的框架内容与研制流程，突出了学科核心素养在课程标准制定中的重要性，认为"课程标准的制定其实就是将核心素养融入各门学科，其中学科核心素养则是学生核心素养与具体学科课程标准中的一个过渡环节，各学科课程标准与各学科核心素养需要相互检验和配合"。有学者则提出了基础教育课程标准的特征及建设策略，其中包括"明确各学段学生核心素养内容，统筹不同学段、不同学科的课程标准逻辑体系，课程标准的文本结构应与国际标准同步"等要求。有关学业质量标准的制定，有学者提出了具体要求，针对以往要求不明确，缺乏具体标准的情况，建议根据各学段学生的核心素养体系，在明确不同学段、不同学科和年级的学生应达到的水平和能力的基础上，进一步丰富现有的教育质量评估指标和手段，并且要格外关注考试评价是否能够契合核心素养的制定精神并真实体现人才培养的要求。

（二）基于核心素养的中观教育实践研究

基于核心素养的中观教育实践研究是在宏观层面的顶层设计的基础之上，在具体的中观层面表现为学科核心素养的研究、教学评价研究和教材编写等研究内容。

学界内关于学科核心素养的研究成果颇多，如从总体要求层面阐述学科核心素养的制定要求，以及研究各个学科核心素养的内容要素。有学者针对学科核心素养的提炼提出了相应原则，认为"学科核心素养虽然分属各门学科，但其共同宗旨是基于总体核心素养共同培养学生，因此在构建各门学科核心素养时，要避免忽视总的核心素养框架而呈现出彼此不相关的状态，而是要从学科融合的维度看待学科核心素养，以实现最优培养方案"。针对各个学科的核心素养，不同学者提出了不同的研究思路，如明确数学、思想政治、英语等学科素养的内涵。有学者总结了数学学科核心素养的内涵和特征，并厘清了数学核心素养与数学基本思想、数学的基本方法等概念的关系。有学者则针对高中思想政治学科中提炼思想政治学科核心素养的策略及其构成要素展开了探究，并进一步针对思想政治学科核心素养的要素及其水平划分提出了深刻理解。有学者研究了欧盟、澳大利亚等国家核心素养框架中有关外语能力的相关内容，提出了我国英语学科核心素养的育人价值、构成要素等有关英语核心素养实质内涵的内容。

核心素养的教学评价研究是核心素养教育实践研究中相对薄弱的部分，国内学者针对核心素养评价的研究主要集中于总体要求上。有学者认为核心素养的评价重点需要从各门学科的知识能力评价向基于总体核心素养评价的方向转化，同时应加强核心素养评价方法技术的多元化发展，"需要选取有代表性的关键指标探索建立测评技术方法与标准体系，形成一套从抽象概念——工具测量——实证数据的核心素养指标研究流程和范式"。有学者建议针对非认知类的素养，如价值观、情感等应在未来加大研究力度，开发更加丰富的测评手段，采取更加弹性的测评方式，同时在核心素养测量评价方面应采取连续性的评估方式，采取定期追踪的长期、连续性的考察，达到完善教育政策、为新时期课程改革提供有效数据支撑的目的。

有学者则通过梳理和介绍欧盟核心素养的评价经验，提出我国核心素养评价应该充分运用大数据实现对教育各个过程的监测并建立相应的评价体系，并且欧盟的"开放式协调方法"也为解决我国地区教育不平衡问题提供了较为成熟的解决思路。

针对基于核心素养的教材编写改革，有学者认为教材编写要突出学生核心素养。一方面需要在教材编写中改变以往"以知识为中心"的内容编排；另一方面要突破"以学科为中心"的传统思想，注重培养基于各学科之上的综合素养。有学者则围绕教科书编写的前提、教科书的内容设计和处理好两条编写路径的关系这三个方面提出了教科书编写的意见。

（三）基于核心素养的微观教育实践研究

核心素养的课程改革实践，在学校和教师培养等微观层面的教育实践也逐渐开展，学界内有学者对这一教育实践进行了理论研究和经验总结。

在学校层面落实和培育核心素养，一方面是基于核心素养落实的班本课程、校本课程的开发和研究。有学者以苏州草桥中学为例，对班本课程的内涵与构建路径及评价做出了系统性的阐述，并对班本课程的不足与修正路径简要提出了见解。有学者则以《形式逻辑》这一校本课程的设计与实施为例提出了在思想政治学科中培育理性精神素养的校本课程资源开发，在文中为这一校本课程制定了详细的课程计划及教学组织安排，为思想政治学科理性精神素养的培育提供了校本课程的教育实践的经验总结。核心素养在学校层面落实，还体现在进行课程结构的变革和课程体系的建设。例如：清华大学附属小学提出了学生发展核心素养的校本表达，并通过构建"1+X"课程群实现课程深度整合，不仅统筹各门学科，而且还实现了从学校组织管理到教师素养的全面提升，"为全国基础教育核心素养校本化研制以及指向核心素养课程深度整合体系构建提供了一条基本范式"；深圳明德实验学校在课程改革中从课程内容重构、学科重组、课堂重建三个层面着手，建构了基于学生核心素养的立体课程改革体系，同时增添了艺术、体育、科技与社会实践的拓展类课程，真正实现了学校核心素养落实过程中的生本化；宁波市北仑中学在高中课程体系的建设中创新性地构建起能学会闯、能想会创、能说会做、能唱会跳、能处会交的"五能五会"课程体系，每一要素对应一个课程群，实现了基于能力培养的课程整合，并提出了具有建设意义的"五能五会"课程建设路径、实施流程和评价程序。

教师是教学的具体实施者，在核心素养的教育实践中起到关键作用，针对基于核心素养的教师能力和素养的培育也是国内学者的研究热点。有学者提出了要研制基于核心素养的教师能力和资格标准以及与新课程标准配套的教师培训要求和专业发展指南。有学者简要介绍了国外落实和推行核心素养过程中颁发的有关教师专业发展的文件，提出我国核心素养的落实必须将教师培训及专业化指导作为一项重要内容，"确保教师能够成为学生核心素养形成和发展的有力的引导者、咨询者以及合作者"。

六、总结与展望

近几年核心素养研究成为教育界的热点前沿问题，因此关于核心素养的文章和论文数量在逐年递增，有关核心素养的内涵、内容和意义等研究逐步深化并形成了自上而下的宏观、中观、微观的教育实践层次，取得了丰硕的成果。但从理论成果上来看，我国的核心素养研究依然处于起步阶段，笔者在此从两个方面做出总结，一方面是理论体系存在不完善的问题，另一方面是教育实践研究缺乏具体操作性。

首先，核心素养理论体系不够完善。核心素养虽然与我国之前推行的素质教育和三维目标有紧密联系，但是从根本上来说是紧跟国际潮流，借鉴国际经验的成果，在我国属于"新生事物"，因此核心素养作为我国现代教育的总目标，需要在理论上形成较为成熟的理论体系才能更有效地指导教育实践。然而国内针对核心素养的理论研究更多的是集中于对其内涵的阐释，如从与素质教育、三维目标、知识能力培养等内涵的区别和联系，从核心素养究竟是高级素养还是基础素养的争议等问题来展开研究，而理论体系当中更为关键的本质问题、内容框架的指标测评问题和方法论问题在核心素养的理论研究中依然处于空白。本质问题是核心素养的根本问题，而针对现已公布的中国学生发展核心素养内容框架也缺少跟踪和评价指标，并且面对核心素养的教育实践的落实情况也缺少公认的、可执行的一套方法论体系指导。可以说，虽然目前针对核心素养的研究如火如荼，但是对于核心素养理论建构的深层次问题还较为薄弱，只有建构起更为完善的核心素养的理论体系，才能更好地指导教育实践，并且使国内有关核心素养的研究走向成熟发展的阶段。

其次，核心素养的教育实践研究缺乏具体操作性。虽然我国核心素养的教育实践研究大致形成了从宏观、中观到微观的层次，但是从具体来看，每个层次的理论研究都缺少具有可操作性和应用性的研究成果。如宏观层次中学界内虽然对课程标准、课程体系建设和学业质量标准的制定提出了指导性的意见，但是都只停留于原则、方向等问题上，并没有针对核心素养如何转化为具有指导教育实践意义的课程标准和学业质量标准提出具有建设性的方案。并且核心素养教育实践中的一个关键问题是核心素养如何转化为学生评价和教师评价的指标体系，而国内学者针对这一问题的研究也只是泛泛而谈，缺少具有可操作性的评价指标方案。在核心素养指导课堂的微观教育实践中，也缺少具有可操作性的教学设计原则，学界内的研究停留于某一学科、具体到某一课的教学设计，而缺乏跨学科的总体教学设计原则。实际上，核心素养的提出内含着跨学科性和综合性的人才培养目标。

就核心素养研究的未来展望来看，核心素养作为现阶段国家培养人才的总目标，其研究是一个庞大的课题，不仅需要专业的专家学者和一线教师投入研究，而且还需要组建针对核心素养理论体系和教育实践的专业学术共同体，以团队的力量攻破核心素养理论研究的关键问题并提出具有可操作性的教育实践方案，实现我国核心素养理论和实践研究的深度发展。

第二节 什么是核心素养？

很显然，近几年核心素养成了教育实践领域和教育研究领域一个非常时髦的热词，但是对于核心素养这一概念的内涵外延，大家看法并不相同，众说纷纭，莫衷一是。到底什么是核心素养？核心素养的基本定位和基本特点是怎样的？我们需要厘清基本的看法，形成相对统一的共识。对此概念进行梳理，正本清源，拨乱反正，很有必要。

核心素养这个概念舶来于西方，英文词是"Key Competencies"。"Key"在英语中有"关键的""必不可少的"等含义。"Competencies"也可以直译为"能力",但从它所包含的内容看,译成"素养"更为恰当。简言之,核心素养就是关键素养。

核心素养最早出现在经济合作与发展组织和欧盟理事会的研究报告中。经合组织1997年启动了"素养的界定与遴选:理论和概念基础"(Definition and Selection of Competencies: Theoretical and Conceptual Foundations,即 De SeCo)研究项目,此时并未在项目名称中直接使用核心素养一词,但2003年出版最终研究报告《核心素养促进成功的生活和健全的社会》(Key Competencies for a Successful Life and a Well-Functioning Society)时,则使用了该词。为推进核心素养走进教育实践,2005年经合组织又发布了《核心素养的界定与遴选:行动纲要》(The Definition and Selection of Key Competencies: Executive Summary),以增强核心素养应用于教育实践的可操作性。

欧盟的核心素养框架受到经合组织研究项目的影响。欧盟的一个研究小组在2002年3月发布的研究报告《知识经济时代的核心素养》中首次使用了"Key Competencies"这一概念,并认为"核心素养代表了一系列知识、技能和态度的集合,它们是可迁移的、多功能的,这些素养是每个人发展自我、融入社会及胜任工作所必需的"。2006年12月,欧洲议会和欧盟理事会通过了关于核心素养的建议案《以核心素养促进终生学习》(Key Competences for Lifelong Learning),标志着八项核心素养最终版本的正式发布。2010年,欧盟理事会与欧盟委员会联合发布的报告《面向变化中的世界的核心素养》(Key Competences for a Changing World)中,"Key Competencies"一词竟然出现了381次,真正成了"关键词"。

在国际上,与"Key Competencies"同样火爆的一个词是"21st century skills",有人将之译为"21世纪技能"或者"21世纪能力",从该词所包含的内容看,译为"21世纪素养"比较合适。实际上,英文中的Competencies和skills,在描述人的发展的维度时,在词义上没有本质区别,没有必要为此大费口舌而耽误时间。而且在"具体"内容上,核心素养与21世纪素养也是大同小异。

21世纪素养的研究始于美国。2002年美国在联邦教育部的领导下,成立了"21世纪素养合作组织",该组织制定了《21世纪素养框架》,2007年该组织发布了《框架》的更新版本。新加坡和日本受美国影响较大,新加坡教育部2010年3月颁布了"21世纪素养",日本国立教育政策研究所于2013年3月发布了题为《培养适应社会变化的素质与能力的教育课程编制的基本原理》的报告，提出了日本的"21世纪能力"。

仅从字面上看，"21世纪素养"比"核心素养"更具有时代感，更能反映社会变迁对于人的素质的新要求。褚宏启认为，不可随意界定核心素养，综合世界各国的理解，可以把核心素养简单界定为为了适应21世纪的社会变革，人所应该具备的关键素养。简而言之，核心素养即"21世纪关键素养"。基本定位是学生在接受相应学段的教育过程中，逐步形成的适应个人终身发展和社会发展需要的必备品格和关键能力。基本特点为：核心素养是所有学生应具有的最关键、最必要的基础素养；是知识、能力和态度等的综合表现；可以通过接受教育来形成和发展；具有发展连续性和阶段性；兼具个人价值和社会价值，且为一个体系，其作用具有整合性。

要理解核心素养这一概念，把握核心素养的本质，需要关注以下几点：

第一，核心素养指向"关键性"，而不指向"全面性"。

有人认为，核心素养是素质教育、三维目标、全面发展、综合素质等概念的另外一种表述方式。把核心素养等同于以上指向全面发展的素质和概念，显然是错误的，两者之间有着巨大的差异。从词义上看，核心素养必须是"核心"的素养，这个限定词意味着"核心"之外，还应该有"非核心"，也就是在"核心素养"之外，还应该有"非核心素养"。否则，所有的素养放在一起，就不是"核心"的素养了。核心素养不是面面俱到的素养"大杂烩"，而是全部素养清单中的"关键素养"，是全部素养集合的"交集"。从此意义上讲，核心素养是素质教育、三维目标、全面发展、综合素质等中间的"关键少数"素养，是各种素养中的"优先选项"，是素质教育、三维目标、全面发展、综合素质等的"聚焦版"。

那么，如何聚焦？如何从众多素养中找到那个"关键少数"？答案只有一个，那就是必须根据人的发展与社会发展的要求来确定核心素养。

第二，核心素养既要满足"个体需求"，更要满足"社会需要"。

在以人为本的时代，核心素养要反映个体发展的需要，为个体过上成功而幸福的生活做准备。但是，社会的法则是，个人的生存与发展不可能脱离具体的社会环境。显然，21世纪对于学生素养发展的要求，会与我国古代或者西方古希腊时期大相径庭。时代不同，需求就会相应发生改变。个人的核心素养应该适应、促进21世纪的社会变迁与社会进步。

核心素养的研究随着知识经济产生的社会背景应运而生。1996年经合组织正式提出知识经济的概念，1997年经合组织开始发起关于核心素养的相关研究。经济是基础，经济形态的变革会带动社会其他维度发生相应变革。伴随着世界格局的变化，伴随着WTO的跨国界影响，伴随着信息技术革命的神速进展，世界在21世纪进入了知识经济、全球化和信息化时代。这种变局为"三千年未有之大变局"，核心素养是对这个大变局的应对，因而具有鲜明的时代性和全球化特征。

核心素养框架的确定必须具有时代性与前瞻性。从全球范围来看，国际组织、一些国家和地区在核心素养指标的选取上都反映了经济社会发展的最新要求，强调信息素养、创新与创造力、国际视野、团队合作、沟通与交流、社会参与及社会贡献、自我规划与管理等素养，这些指标内容虽不尽相同，但都是为了适应21世纪的挑战。

从这个意义上看，核心素养是适应个人终身发展和社会发展所需要的"关键素养"，只有具备这些素养，学生才能成功地适应社会，在自我实现的同时促进社会的发展，获得共生共赢。

第三，核心素养是优先级的"高级素养"，拥有这些素养能站在更高的层面解决复杂的问题。

学生生存与发展，需要多种素养。但是，面对21世纪的挑战，这些素养的重要性并不是并列并重的，需要有优先顺序。众多素养中诸如创新能力、信息素养、合作能力、社会责任、交流技能等成了优先级的选项，自然而然排在了前列和中心位置。这些素养不仅事关个体能否更好地应对21世纪的挑战，还事关国家发展和民族振兴。曾经，我们过去的"应试教育"也培养了一些素养，如死记硬背（记忆）的素养、题海战术（应对考试）的素养等，这些素养在新的复杂的世界形势下，都只能算是低级素养，没有竞争力。核心素养是高级素养，学生的发展需要这些高级素养，国家参与国际竞争也需要这些高级素养。中国的国民素质和学生素质需要更新换代，中国的教育目标需要升级换代，核心素养为更新换代指明了方向。

核心素养之所以能成为优先级的"高级素养"，还有两个原因：第一，核心素养是综合性的，是对于知识、能力、态度的综合与超越；第二，核心素养是跨学科的，高于学科知识。而身体素质这样的素养，对于人的生存与发展至关重要，可以视为基础素养。但因为其"太基础"了，国外的核心素养框架中几乎都没有将之列入。这样的例子还有传统的"读写算"等基础素养,也未被纳入其中。因此,核心素养是作为"关键少数"的高级素养,不是低级素养,甚至也不是基础素养。

第四,核心素养要具备"全球化"的诉求,更要反映"本土性"的诉求。

很显然,我国的核心素养研究渐渐"热"起来,是受到国外的影响。在全球化背景下,各国的学生核心素养的内涵和外延会有一定的甚至相当的共性,如对信息素养的要求。但因为处在不同的国情之下,特别是各国发展面临的关键问题具有很大差异,核心素养的厘定和培育也因此需要有内容差异和程度差异。就我国而言,必须大力强调两方面的核心素养:一是创新能力。在我国一些地区和学校,我们的教育是在培养"会考试的人",而不是"会创造的人",这样造成了我国教育最大的短板,即所培养的学生创新能力不够,不能满足知识经济时代建设创新型国家的要求,不能适应国际竞争的要求。二是民主素养。中国社会要走向全面进步和伟大复兴,要求加快政治民主化进程,进而要求培养学生的民主素质,未来是他们的。

从以上分析不难看出,就我国而言,在新的国内外形势下,核心素养是对素质教育、三维目标、全面发展、综合素质等的聚焦强化版和升级转型版。核心素养为教育教学改革提供了重点更突出、焦点更集中的教育目标,为转变学生学习方式、教师教学方式、政府和学校的管理方式指明了方向。

第三节 中国学生发展核心素养项目

一、核心素养的三大领域

党的十八大以来,党中央、国务院多次强调把立德树人作为教育的根本任务。研制中国学生发展核心素养的根本出发点就是为了立德树人。要把立德树人根本任务落到实处,必须首先回答好"立什么德、树什么人"这一关键问题,必须把党的教育方针的宏观要求细化为具体的人才培养目标。为了把党的教育方针科学地细化为具体的人才培养目标,教育部人文社会科学重点研究基地重大项目"中小学生核心素养的发展与评价"课题组历经3年多时间攻克研究难关、完成研究任务，于2016年9月13日召开了中国学生发展核心素养研究成果新闻发布会，全面公布了包括三大领域六种素养十八个要点的中国学生发展核心素养。作为中国化的学生发展核心素养体系，该成果充分体现了社会主义核心价值观，系统落实了党的教育方针，并充分吸收中华优秀传统文化的营养，洋为中用，批判性借鉴了核心素养国际研究的构建方法与合理成分。

（一）坚持以马克思主义为指导

中国学生发展核心素养结构的中心是"全面发展"。而全面发展是由马克思和恩格斯在《共产党宣言》中提出来的。马克思和恩格斯指出："人的全面发展是共产主义者的理想目标和共产主义社会的基本原则。"

马克思在《关于费尔巴哈的提纲》中提出："人的本质并不是单个人所固有的抽象物。在其现实性上，它是一切社会关系的总和。"这一科学论断，深刻地揭示了"全面发展的人"的另一内涵，即人的社会性。"社会性反映着一定历史条件下的某种社会关系；社会性作为个性的特殊表现，反映的是人的社会特质；社会性应该是历史性、民族性、阶级性和全人类性的统一"。因此，中国学生发展核心素养体系研究从社会性是人的本质属性出发，提出了学生发展核心素养的社会参与领域，重在强调"能处理好自我与社会的关系，增强社会责任感，养成现代公民所必须遵守和履行的道德准则和行为规范，提升创新精神和实践能力，促进个人价值实现，推动社会发展进步，发展成为有理想信念、敢于担当的人"。

马克思从对人的本质和实践活动的理解出发，强调文化所具有的自觉性和创造性，这揭示了"全面发展的人"的又一内涵，即人的文化性。"文化知识是由自然科学、社会科学以及关于自然知识与社会知识的概括和总结的哲学构成"，"文化性是认识世界、改造世界不可缺失的武器"。因此，文化是人存在的根和魂。中国学生核心素养体系提出文化基础是中国学生发展核心素养的一个重要领域，它重在强调"能习得人文、科学等各领域的知识和技能，掌握和运用人类优秀智慧成果，涵养内在精神，追求真善美的统一，发展成为有宽厚文化基础、有更高精神追求的人"。明确人才培养的目标指向，坚持以马克思主义为指导，是中国学生发展核心素养区别于其他国际组织和国家核心素养研究成果的根本标志，必须旗帜鲜明地加以坚持。

（二）充分体现社会主义核心价值观，系统落实党的教育方针，细化人才培养目标的具体要求

"从价值定位而言，学生发展核心素养的研制，是对社会主义核心价值观和党的教育方针中所确定的教育培养目标的具体化和细化，是连接宏观教育理念、培养目标与具体教育教学实践的中间环节"。社会主义核心价值观作为社会主义核心价值体系的内核，把国家、社会、公民三个层面的价值要求融为一体，直接明确了当代学生应该自觉践行的价值观念，中国学生发展核心素养体系在各要点中进行了充分体现。核心素养指标的遴选和界定，以文化基础的不断积累和自主发展能力的不断提升为支撑条件，引导学生在社会参与及互动过程中加以践行。从小抓起、从学校抓起，纳入国民教育总体规划，细化为核心素养的具体表现，使核心价值观的影响像空气一样无所不在、无时不有。

富强、民主、文明、和谐是国家层面的价值目标，表达的是国家的意志，主要从国家角度提出了学生应该树立的理想与信念。核心素养在"国家认同"等要点中系统落实了这些要求，强调要培养学生"具有国家意识，了解国情历史，认同国民身份，能自觉捍卫国家主权、尊严和利益""了解中国共产党的历史和光荣传统，具有热爱党、拥护党的意识和行动""具有中国特色社会主义共同理想，有为实现中华民族伟大复兴中国梦而不懈奋斗的信念和行动"，力求把红色基因融入广大学生的血脉。自由、平等、公正、法治是社会层面的价值取向，主要从社会角度提出了学生应具有的信念和追求，集中体现在"社会责任""人文情怀"等要点的描述中。例如："能明辨是非，具有规则与法治意识，积极履行公民义务，理性行使公民权利""崇尚自由平等，能维护社会公平正义"等等。爱国、敬业、诚信、友善是公民个人层面的价值准则，主要从个人角度对学生提出了道德要求，集中体现在"社会责任"等要点的描述中。例如："自尊自律，文明礼貌，诚信友善，宽和待人""热心公益和志愿服务，敬业奉献，具有团队意识和互助精神"等等。

中国学生发展核心素养体系在充分体现社会主义核心价值观的基础上，对不同发展阶段的党的教育方针进行了深入分析和系统落实。社会主义核心价值观和党的教育方针可以通过核心素养这一桥梁，转化为教育教学可运用的、教育工作者易于理解的具体要求，进而贯彻到各个学段，体现到各个学科，最终落实到学

生身上，明确学生应该具备的必备品格和关键能力，从中观层面深入回答"立什么德、树什么人"的根本问题，用于指导人才培养具体实践。

（三）传承中华优秀传统文化，突显人才培养的民族底色

习近平总书记指出："中华优秀传统文化是中华民族的精神命脉，是涵养社会主义核心价值观的重要源泉，也是我们在世界文化激荡中站稳脚跟的坚实根基。"中国学生发展核心素养体系在"素养"这一核心概念界定上，充分吸收了中华优秀传统文化中对道德规范、思想品格和价值取向的强调。充分吸收中华优秀传统文化对素养内涵的定义，将其界定为学生应具备的，能够适应终身发展和社会发展需要的必备品格和关键能力。这一概念内涵同时强调了核心素养的品格属性和能力特征，体现出中国特色、中国风格、中国气派，归纳出家国情怀、社会关怀、人格修养、文化修养的素养要求。"家国情怀包含孝亲爱国、民族情怀、乡土情感等要素，社会关怀包含仁民爱物、心怀天下、奉献社会等要素，人格修养包含诚信自律、崇德弘毅、礼敬谦和等要素，文化修养包含人文历史知识、求学治学方法、文字表达能力、追求科技发明等要素"。中国学生发展核心素养体系对我国优秀传统文化思想的核心内容——伦理道德教育进行了充分继承和体现。然而，传统文化与传统教育分析仅仅是构建现代学生核心素养体系时可参照的视角之一。除了借鉴和传承中华优秀传统文化与教育中具有启示意义和价值的内容，学生核心素养体系的构建还对现代教育与学生发展理论、国际上教育与学生培养的经验等进行了总结与思考，深入分析当今世界教育与人才培养趋势、我国社会历史时代背景与社会需求，并借助实证调查来广泛征询社会群体的宝贵意见。在这些工作的基础上，通过深刻的理论思考，运用科学的方法，才能构建出系统而科学的中国化的学生核心素养体系。

（四）洋为中用，批判性吸收核心素养国际研究中的科学方法与合理成分

中外科学，包括教育科学与心理科学研究成果，都是人类的共同财富。对于外国文化，排除主义的方针是错误的，应当尽量吸收进步的外国文化，作为发展中国新文化的借镜；盲目搬用的方针也是错的，应当以中国人民实际需要为基础，批判地吸收外国文化。面对学生发展核心素养研究的新信息、新的研究方法，需

要相互交流，这就是"洋为中用"的道理，也是我们对学生发展核心素养国际比较研究的缘起。1997年，经济合作与发展组织（简称OECD）首先启动了"素养的界定与遴选"项目。随后，欧盟、联合国教科文组织、美国、日本、新加坡等15个国际组织和国家纷纷建构了基于自身价值取向和服务目的的素养、核心素养、核心技能等框架与体系。由于各国际组织和国家的出发点、服务对象和政治经济文化制度等方面的差异，在指导21世纪核心素养研究上出现了四种相对具有代表性的价值取向，包括OECD提出的以培养完整的人为导向的价值取向、联合国教科文组织和欧盟提出的以终身学习为导向的价值取向、新加坡以个人发展为核心的价值取向以及美国以未来职业需求为导向的价值取向等。通过比较各国际组织与国家建构与发展核心素养的研究背景、研究程序、内容体系与实施途径，本着对于国外的文化既不能全面肯定，也不能全盘否定的原则，重新探讨各国际组织与国家的学生发展核心素养的内容，加以分析，根据国情，批判地加以吸收。

构建中国化学生发展核心素养，目的是全面贯彻党的教育方针，落实立德树人根本任务。培育中国学生的核心素养，必将促进更多满足党、国家、人民、时代需要的人才不断涌现，必将促进中国特色社会主义事业兴旺发达、后继有人。

二、学生发展核心素养体系总框架

建构学生发展核心素养总框架，是把党的十八大提出的立德树人根本任务落到实处，把德智体美劳全面发展的教育目标细化为学生应形成的必备品格和关键能力的具体要求，最终促进学生的终身发展和社会的健康发展。学生发展核心素养总框架的界定为：中国学生发展核心素养，以科学性、时代性和民族性为基本原则，以"全面发展的人"为核心，包括自主发展、社会参与和文化基础三个领域、六项核心素养指标。综合表现为学会学习、健康生活、责任担当、实践创新、人文底蕴、科学精神。

（一）文化基础

文化是人存在的根和魂。文化基础，重在强调能习得人文、科学等各领域的知识和技能，掌握和运用人类优秀智慧成果，涵养内在精神，追求真善美的统一，发展成为有宽厚文化基础、有更高精神追求的人。

1. 人文底蕴。主要是学生在学习、理解、运用人文领域知识和技能等方面所形成的基本能力、情感态度和价值取向，具体包括人文积淀、人文情怀和审美情趣等基本要点。

2. 科学精神。主要是学生在学习、理解、运用科学知识和技能等方面所形成的价值标准、思维方式和行为表现，具体包括理性思维、批判质疑、勇于探究等基本要点。

（二）自主发展

自主性是人作为主体的根本属性。自主发展，重在强调能有效管理自己的学习和生活，认识和发现自我价值，发掘自身潜力，有效应对复杂多变的环境，成就出彩人生，发展成为有明确人生方向、有生活品质的人。

1. 学会学习。主要是学生在学习意识形成、学习方式方法选择、学习进程评估调控等方面的综合表现，具体包括乐学善学、勤于反思、信息意识等基本要点。

2. 健康生活。主要是学生在认识自我、发展身心、规划人生等方面的综合表现，具体包括珍爱生命、健全人格、自我管理等基本要点。

（三）社会参与

社会性是人的本质属性。社会参与，重在强调能处理好自我与社会的关系，养成现代公民所必须遵守和履行的道德准则和行为规范，增强社会责任感，提升创新精神和实践能力，促进个人价值实现，推动社会发展进步，发展成为有理想信念、敢于担当的人。

1. 责任担当。主要是学生在处理与社会、国家、国际等关系方面所形成的情感态度、价值取向和行为方式，具体包括社会责任、国家认同、国际理解等基本要点。

2. 实践创新。主要是学生在日常活动、问题解决、适应挑战等方面所形成的实践能力、创新意识和行为表现。具体包括劳动意识、问题解决、技术应用等基本要点。（见表4-2）

表 4-2 中国学生发展核心素养的维度与主要表现

维度	核心素养	基本要点	主要表现描述
文化基础	人文底蕴	人文积淀	具有古今中外人文领域基本知识和成果的积累，能理解和掌握人文思想中所蕴含的认识方法和实践方法等。
		人文情怀	具有以人为本的意识，尊重、维护人的尊严和价值；能关切人的生存、发展和幸福等。
		审美情趣	具有艺术知识、技能与方法的积累；能理解和尊重文化艺术的多样性，具有发现、感知、欣赏、评价美的意识和基本能力；具有健康的审美价值取向；具有艺术表达和创意表现的兴趣和意识，能在生活中拓展和升华美等。
	科学精神	理性思维	崇尚真知，能理解和掌握基本的科学原理和方法；重事实和证据，有实证意识和严谨的求知态度；逻辑清晰，能运用科学的思维方式认识事物、解决问题、指导行为等。
		批判质疑	具有问题意识，能独立思考、独立判断；思维缜密，能多角度、辩证地分析问题，做出选择和决定等。
		勇于探究	具有好奇心和想象力；能不畏困难，有坚持不懈的探索精神；能大胆尝试，积极寻求有效的问题解决方法等。
自主发展	学会学习	乐学善学	能正确认识和理解学习的价值，具有积极的学习态度和浓厚的学习兴趣；能养成良好的学习习惯，掌握适合自身的学习方法；能自主学习，具有终身学习的意识和能力等。
		勤于反思	具有对自己的学习状态进行审视的意识和习惯，善于总结经验；能够根据不同情境和自身实际，选择或调整学习策略和方法等。
		信息意识	能自觉、有效地获取、评估、鉴别、使用信息；具有数字化生存能力，主动适应"互联网+"等社会信息发展趋势；具有网络伦理道德与信息安全意识等。
	健康生活	珍爱生命	理解生命意义和人生价值；具有安全意识与自我保护能力；掌握适合自身的运动方法和技能，养成健康文明的行为习惯和生活方式等。
		健全人格	具有积极的心理品质，自信自爱，坚韧乐观；有自制力，能调节和管理自己的情绪，具有抗挫折能力等。
		自我管理	能正确认识与评估自我；依据自身个性和潜质选择适合的发展方向；合理分配和使用时间与精力；具有达成目标的持续行动力等。

续表

维度	核心素养	基本要点	主要表现描述
社会参与	责任担当	社会责任	自尊自律，文明礼貌，诚信友善，宽和待人；孝亲敬长，有感恩之心；热心公益和志愿服务，敬业奉献，具有团队意识和互助精神；能主动作为，履职尽责，对自我和他人负责；能明辨是非，具有规则与法治意识，积极履行公民义务，理性行使公民权利；崇尚自由平等，能维护社会公平正义；热爱并尊重自然，具有绿色生活方式和可持续发展理念及行动等。
		国家认同	具有国家意识，了解国情历史，认同国民身份，能自觉捍卫国家主权、尊严和利益；具有文化自信，尊重中华民族的优秀文明成果，能传播弘扬中华优秀传统文化和社会主义先进文化；了解中国共产党的历史和光荣传统，具有热爱党、拥护党的意识和行动；理解、接受并自觉践行社会主义核心价值观，具有中国特色社会主义共同理想，有为实现中华民族伟大复兴中国梦而不懈奋斗的信念和行动等。
		国际理解	具有全球意识和开放的心态，了解人类文明进程和世界发展动态；能尊重世界多元文化的多样性和差异性，积极参与跨文化交流；关注人类面临的全球性挑战，理解人类命运共同体的内涵与价值等。
社会参与	实践创新	劳动意识	尊重劳动，具有积极的劳动态度和良好的劳动习惯；具有动手操作能力，掌握一定的劳动技能；在主动参加的家务劳动、生产劳动、公益活动和社会实践中，具有改进和创新劳动方式、提高劳动效率的意识；具有通过诚实合法劳动创造生活、成就人生的意识和行动等。
		问题解决	善于发现和提出问题，有解决问题的兴趣和热情；能依据特定情境和具体条件，选择制定合理的解决方案；具有在复杂环境中行动的能力等。
		技术应用	有工程思维，能将创意和方案转化为有形物品或对已有物品进行改进与优化等。

第五章 学科核心素养

第一节 学科核心素养与核心素养的关系

学科核心素养是核心素养的下位概念，往往是核心素养的载体和具体表现。在核心素养"热"的背景之下，学科核心素养自然会同样引起学界的关注。一定程度上，学科核心素养是核心素养的一个重要切入点。要准确理解基于核心素养的新课程改革，深入理解学科核心素养是必要的途径和重要课题。否则，基于核心素养的新课程改革就会成为无源之水、无本之木，也就缺乏基本的准备。

我国界定的核心素养是指学生在接受相应学段的教育过程中逐步形成起来的适应个人终身发展与社会发展的人格品质与关键能力，既符合世界潮流，也是我国课程发展的必然诉求。

1. 核心素养的界定是学校教育从"知识传递"转向"知识建构"的信号，标志着我国学校的课程发展进入了新的阶段，为我们提供了学校课程发展的思想武器：一方面，它为我们荡涤应试教育的污泥浊水提供了有力的理论支撑；另一方面，又为我们寻求新时代学校课程的创造性实践提供了清晰的指引。

2. 核心素养作为学校课程的灵魂和课程发展 DNA，有助于学科边界的软化以及"学科群"或"跨学科"的勾连，有助于学科教育学的重建；也可能为一线教师整体地把握学校课程、打破分科主义、消解碎片化的以知识点为中心的灌输提供视野和机会。

如果说核心素养是新时代的一幅"蓝图"，那么，各门学科则是支撑这幅蓝图得以实现的"构件"，它们各自拥有其固有的本质特征及其基本概念与技能，以及各自学科所体现出来的认知方式、思维方式与表征方式。

3. 核心素养与学科素养之间的关系是全局与局部、共性与特性、抽象与具象的关系。

不同学科群聚焦的学科素养有所不同。学科在促进学生核心素养的发展上意义重大。学生人文素养的提升显然离不开人文学科，科学素养也显然离不开科学课程。"只是核心素养是跨学科素养，任何核心素养都不是一门单独的学科可以完成的。任何学科都有其对于核心素养发展的共性贡献与个性贡献"。比如科学课程除了主要促进学生科学素养的发展外，一定程度上也能够促进其他素养，如人文素养、艺术素养的发展，这就是共性贡献。特定学科的育人价值最重要的是在于对特定核心素养的独特或个性贡献。比如历史学科对学生时空观念的培养，就是历史学科对核心素养的独特的、个性化的贡献。各门学科之间的边界不应当是刚性的、僵化的，而是软性的、互通的。

"核心素养作为课程与评价的概念，是教育目的与学习结果的重要中介。其培育不是一蹴而就的，就具体学科而言，需要将核心素养的要义与具体学科结构、特点进行匹配与整合"。

我们可以从两个方面来理解学科核心素养。一是从基础能力的角度来理解学科核心素养，其重点是强调核心素养的基础定位。从这个意义上说，学科核心素养应该与该学科的基础性学习密切关联，从一个学科最基本的教学内容中，落实对学习者的素质培育和人格培养。学科核心素养与学生的成长历程、学科的教学推进，都有着密不可分的联系，它关注的正是学生通过学科学习可以得到培育和塑造的素质和能力。从这个角度来说，学科核心素养的培育过程，就是一个学习者通过学习实现成长的过程。在这个过程中，我们首先关心的是要将学习者培养成什么样的人，而不仅仅是关心他们记住了多少固化了的条目和知识点。这种目标的设计，应该是基础性的，面向学习者成长的全过程，可以在较长的时间内对其持续产生影响的。二是从独特贡献的角度来理解学科核心素养，其重点是强调核心素养的学科意义。核心素养体系繁杂，教育课程门类繁多。如何将这么多素养通过这么多课程整合到学生身上，成为一种具有整体性的学生素养表现？有的研究者就曾经提出这样的担心：每个学科都要有自己的核心素养，汇总到学生那里，会不会成为负担？这是在理解学科核心素养与核心素养关系时必须面对的一个重要问题。学科核心素养如何才能做到既能体现学科价值，又不增加学生的负担？笔者认为，最根本的方法，就是各个学科必须从自己的特性中提取本学科对于学生核心素养培育最有价值的东西，将这些东西作为本学科的核心素养，并落实到教育教学中。从这个意义上说，学科核心素养突出的应该是学科价值的个性与学生专业成长的综合性、整体性的有机结合，是该学科对于学生成长的意义和价值所在。

综上所述，学科核心素养与核心素养的关系，可以从素养和学科两个角度来理解。从素养的角度来说，二者是相辅相成的关系，学科核心素养是核心素养的基础性作用在学科意义上的呈现。从学科的角度来说，"学科核心素养是核心素养的育人功能与学科价值的有机结合，是该学科实现立德树人根本任务的价值所在"。学科核心素养的培育，离不开学科的沃土，也不能抛弃基础性的育人价值。

第二节 现代学科教学的特质

学科教学作为学校核心的教育活动，是"借助师生的互动而形成的兼具科学性和艺术性的一种创造性活动"。基于核心素养的学科教学研究不能只停留于教材教法的探讨，还必须探究各自学科素养的形成。唯有透视"学科群"的本质特征，才能精准地把握学科素养。

一、现代学科与学科教学的诉求

学校教育涵盖了学科教学和课外教育等主要领域，各自发挥其独特的作用。学科教学既是基于传统的语言、科学、艺术、技术等学科，又是基于教材的划分与体系展开知识、技能进行教学的，课外教育活动则是借助儿童在与环境的交互作用中所获得的直接经验、所产生的兴趣与困惑展开问题解决，从而培育思考能力（问题解决能力）并求得知识的整合的。这种综合学习可以区分为"直接经验的情境"与"问题解决学习的情境"，"问题解决学习"就是连接综合学习与学科教学的纽带，而成为"知识整合化"的方法论原理。这两个侧面和谐地发挥功能，对于人格的形成至关重要。可以说，没有"关键能力"的培育，人格是难以形成的。这样，如何形成每一个儿童的关键能力，就成为学科教学的本质性课题，这些课题终究是同人格的形成联系在一起的。"人类的遗传基因拥有生物学的遗传信息，但不能没有人类的社会文化科学等历史传递的遗传信息。人类正是通过教育来传承人类积累起来的文化科学成果的"。

学科教学在学校教育中处于核心地位。学科的设定是以教育目标为依归，以扩大和深化学习者的知识积累与变化为前提的。作为"学科"的元素绝不是单纯碎片化的知识内容的堆积，学科结构必须具有逻辑。所谓"学科的本质"存在两个水准：其一，囊括、整合该学科的具体知识、技能，诸如粒子、能源之类称之为"关键概念""本质性问题"与"大观念"的水准；其二，该学科的认知方式与表征方式，诸如理科中的"剩余变量的控制""系统观察"，社会科学中的"多层面、多视角的见解"，数理学科中的"归纳、演绎、类比"等。

学科教学中的知识建构倘若离开了"人"这个学习主体的情感、意志、态度和价值观，离开了学习主体的具体的活动情境及其默会知识，那是不可想象的。学科教学必须根据学生的身心发展阶段及其能力发展实际来组织体现知识体系和价值体系的教学内容。然而传统的学科教学是"教师中心"培育"记忆者"的教学，而不是"学习者中心"培育"探究者"的教学。就是说，历来学科教学的主要课题是"教师应当教什么"，几乎不过问"学习者如何学习"。因此，历来的教学是基于教师的一厢情愿展开设计的，往往是不考虑学习者的状况的，是一切由教师"包办代替"的，这不是"真正的学习"。基于核心素养的学科教学寻求的是"真实性"——真实性学力、真实性学习、真实性评价。

"真实性学力"归根结底是"可信赖、可迁移、可持续的真实的学力"。这里的"知识"不是碎片化知识的堆积，而是一个系统、一种结构。这种知识不是死的知识，而是活的知识；不是聚焦理解了的知识，而是有体验支撑的知识；不是不会运用的知识。这就是 21 世纪型的能力。总之，知识社会时代的教育课题不是追求知识中心的学力，而是寻求以怎样的学习才能形成"通用能力"为中心的"真实性学力"。

"真实性学力"唯有借助"真实性学习"——探究学习与协同学习——才能实现。探究学习的特征是：第一，儿童自身拥有课题意识。当儿童直面问题情境之际，从现实的状况与理想状态的对比中发现问题。比如在考察身边河流的活动中，发现垃圾污染的现象，激发环境意识。在设定课题的场合让儿童直接接触这种对象的体验活动极其重要,这将成为尔后展开探究活动的原动力。第二,基于课题意识与设定的课题。儿童展开观察、实验、参观、调查、探险,通过这种活动收集课题解决所需要的信息。信息收集活动可分为自觉与不自觉两种。目的明确地进行调查或者采访的活动属于自觉的活动,而埋头于体验活动,在反反复复的体验活动中不知不觉地收集信息的情形也很多。这两种活动往往是浑然天成的。收集的信息多种多样,有数字化的,有语词化的,这是由于计量或者文献调查之类的不同活动而导致变化的结果。第三,整理与分析。整理、分析收集的信息有助于活跃、提升思维活动。这里需要把握两个度:一是怎样的信息,多大程度的收集;二是决定用怎样的方法来整理与分析信息。第四,归纳与表达。在整理与分析信息之后,就得展开传递给他人、刺激自己思考的学习活动。这种活动把每一个儿童各自的既有经验与知识同通过学习活动整理、分析的学习连接起来,使得每一个儿童的思考更加明晰,课题更加突出,从而产生新的课题。这里需要关注的是,明确对方的意思与目的意识——向谁传递、为什么而梳理,从而会改变进行的梳理与表达,也会改变儿童的思维方向。再者,自觉地把归纳与表达同信息的重建、自身的思考和新的课题连接起来,并且充分地积累应当传递的内容。可以说,探究过程是儿童自身直面现实问题的解决而展开的学习过程。这种过程对于儿童而言是有意义的学习活动,不是没有目的、没有意义的单向灌输的学习,而是能动的学习活动。当然,要从根本上提升探究学习的品质,培育通用能力的协同学习也是不可或缺的。单独一个人要实现探究学习是困难的,通过同诸多伙伴一道的协同学习,探究学习才能充实。协同学习可以集中诸多的信息,可以从不同视点展开分析,可以超越学校同社区与社会连接起来。

"真实性学习"需要"真实性评价"的支撑。"真实性评价"不同于标准测验,是"真实的""可信赖"的评价,是一种矫正标准评价的弊端而使用的概念。构成这种评价的三个要素是:第一,观察。以某种方式观察学生知道什么、思考什么、会做什么。第二,推测。推测学生的这些表现背后的认知过程是怎么起作用的。第三,清晰地把握学生这些表现背后的认知过程本身的真实面貌。在"真实性评价"中最普遍的是"档案袋评价"。所谓"档案袋评价"不是单纯的儿童作品的文件夹,是作为儿童学习轨迹的资料与信息,具有某种目的,按照时间序列,有计划地收集起来的。"档案袋评价"的一大特征是,运用依据目标的评价,明确达成目标,能够让儿童高质量地、独立地达成,来培育自己的学习力与自我评价力。这种评价法是根据多角度的学习来把握儿童学力的整体面貌的。表现性课题是属于最复杂的、能够体现儿童学习的实际成绩的内容，大体可以分为笔记与实绩，前者诸如研究笔记、实验报告、叙事等，后者诸如朗读、小组讨论、演戏、体育比赛等。

二、现代学科教学的特质

学科具有动态性，它不应当是僵化的、万古不变的。人类的知识基础在持续地成长与变化。所谓学科是以人类文化遗产为线索，选择儿童成长所必需的内容加以编制的，需要与时俱进地设计。学科无非是谋求儿童主体性学习活动的一种场域。因此，学科的教学并不是习得教学内容而已，"分科主义"学科观与教材观是幼稚可笑的。学科教学的内容应当适应儿童的兴趣、爱好和不同的课题，做出灵活调整。当然，学科的动态性不等于否定相对稳定的学科结构。20世纪60年代布鲁纳的"学科结构论"为我们思考学科的现代化问题提供了诸多启示。在他看来，构成学科课程的最重要的东西，就是抽取"构成一切科学和数学的基础性观念，形成人生和文学的基础性题材"，"这种观念是强有力的，同时又是简洁的"。所谓学科结构无非就是各门学科中所发现的"基础性观念"。以数学为例，所谓代数就是把已知数同未知数用方程式排列起来，借以了解未知数的方法。解方程式所包含的基本法则是交换律、分配律、结合律，学生一旦掌握了这三个法则所体现的具体观念，那么"新"的方程式就完全不是新的了，它不过是熟悉题目的变式罢了。布鲁纳强调"学习结构就是学习事物是怎样关联的"。就是说，所谓学习结构绝不是单纯地获得基础性知识。这种基础性知识的学习，同时也是促进研究态度和思维方式的培育，是跟学科素养、关键能力的形成联系在一起的。学科不等于科学。当"科学"经过了教育学的加工，体现"学科逻辑""心理逻辑"与"教学逻辑"之际，才成为"学科"。学科编制的根基当然是人类社会积累下来的科学与文化的遗产，但同时又受制于儿童身心发展的条件。要发挥儿童的主体性及其内在条件，那么，学科内容就得基于儿童的生活，也就是说科学知识的教学要真正成为儿童的主体性活动，就得同他们的现实生活与社会实践结合起来。强调这一点，并不意味着学科内容的"经验主义"式编制。这是因为，学科教学必须遵循"从具体的经验到抽象概念"的发展路径：儿童的"生活概念"——必须借助"科学概念"的教学，才能提升到本质性认识的高度。任何学科的构成总是包含了知识、方法、价值这样三个层面的要素：构成该学科的基础知识和基本概念的体系；该学科的基础知识和基本概念体系背后的思考方式与行为方式；该思考方式与行为方式背后的情感、态度和价值观。换言之，它囊括了理论概念的建构，牵涉知、情、意的操作方式和真、善、美之类的价值，以及探索未来和未知世界的方略。这种以逻辑的知识形态来表现知识体系和价值体系的，就是"学科"。

学科教学归根结底是一种对话性实践。其一，学科教学具有"活动性"。学科结构必须是问题解决活动的系列。就是说，学科的设定必须包含具体的教育活动本身，设定学科的环环相扣的四环节：目标、内容、活动、评价。学科教学作为学校教育活动的核心环节，是在课程编制中以计划性的学科（科目）作为媒介而预设的教学活动。这样，所谓"学科教学框架"可以界定为，以人类文化遗产而建构的多领域学科知识的客观价值内容为其基本内容，以教师指导下学生自主学习的实践形态为契机，去习得人类文化遗产和科学见识，从而形成学生的"关键能力"的一种方法论体系。其二，学科教学具有"生成性"。根据学科知识的研究，学科知识是由理论知识（明言知识）和体验知识（默会知识）组成的。因此，我们应当从两个方面优化学科知识。一方面要改造和更新学科知识的内容。事实上，许多学科知识中的理论知识的内容过于繁难偏旧，落后于时代。直面现代社会问题的学科知识是十分必要的。另一方面要认识到"基于体验知识的学科知识的相对化"。缺乏相应的日常体验，即便准确地习得了学科知识，也不能说真正理解了它。脱离了体验的学科知识，只有字面上的意义，尽管这种知识不是毫无意义。这种体验知识也就是所谓的默会知识，在学科教育中往往被忽略了。总之，无论学科的理论知识还是体验知识，各自具有其"相对正确性"，了解这些知识的特征、价值和内容是十分必要的。

第三节 学科群：把握"学科素养"的一个视角

基于核心素养的学科教学离不开三大关键课题——洞察学科本质（构成学科

的核心概念）；把握学科素养（软化学科边界，实施跨学科整合）；展开学科实践。其具体的切入点就是"三维目标"。从国际教育界流行的冰山模型或树木模型可以发现，各国的学科教学都存在着用各自的话语系统表述的"三维目标"，只不过我国的"三维目标"用"知识与技能，过程与方法，情感、态度、价值观"来表述罢了。"三维目标"是一个整体，不可分割。有人反对"三维目标"，说"三维目标"是虚化知识、轻视知识的表现。其实，"三维目标"恰恰是基于现代学科素养概念的界定，是重视知识的表现。可以借用日本学者的"扎实学力"（基础学力）的四层冰山模型来说明这个问题。假定有一座冰山，浮在水面上的不过是"冰山"的一角。倘若露出水面的一层是"显性学力"——"知识与技能""理解与记忆"，那么，藏在水面下的三层则是支撑冰山上方显性学力的"隐性学力"——"思考力和问题解决力""兴趣与意欲"以及"体验与实感"。"扎实学力"即是由上述的显性学力和隐性学力组成的，它们是相辅相成不可分割的一个整体。为了实现指向"真实性学力"的"真实性教学"，我们必须把握"真实性学力"形成的两条运动路径，其一，从下层向上层推进的学力形成路径——即从"体验与实感""兴趣与意欲"向"思考力和问题解决力"以及"知识与理解"的运动；其二，从上层向下层延伸的学力形成路径——即从"知识与技能""理解与记忆"向"思考力和问题解决力"以及"兴趣与意欲""体验与实感"的运动。这种表层与深层的循环往复的学力形成路径，正是培养核心素养所需要的。

不过，"学科的边界不是实线、直线，而是点线、波线"。超越传统学科的边界，谋求儿童主体性学习活动的学科之间的连接与整合——这是基于核心素养的学科教学必须遵循的一个重要原理。学科教学的过程绝不是简单的知识灌输的过程，扎实的学科教学需要关注学生的道德成长，关注学生的知识习得、知识活用和知识探究。罗塞韦尔特说："只有求知性而没有道德的教育，无异于培植对社会的威胁。"因此，学科教学的研究不能停留于"具体教法"的探讨，还必须追究各自"学科素养"的形成。显然，各门学科拥有体现其各自学科本质的视点与立场，但同时又拥有共同的或相通的侧面。下面就来探讨若干学科群的本质特征，以便为核心素养语境下各自学科的学科素养的界定提供思想基础。

（一）语言学科群：语言能力与意义创造

语言学科群主要是以语言能力（包括听、说、读、写）作为主要对象，旨在为儿童当下及未来的语言、生活品质的提升而组织的教学内容的总体。语言教学的目标涵盖了谋求语言理解力与表达力的提升、掌握语言沟通的技能以及基于语言的思维能力的提升等，谋求借助语言来求得人性与人格的内在成长。

所谓语言能力"是以知识与经验、逻辑思维、直觉与情绪为基础，深化自己的思考，运用语言同他人进行沟通所必需的能力"。这个定义有两个要点。第一个要点是"以知识与经验、逻辑思维、直觉与情绪为基础"，包含三层含义：（1）知识与经验——强调学习者倘能以自身的"实感、领会、本意"去获取知识，那就说明这获取的知识不会被剥离，会作为学习者的生存能力固着下来，并在种种情境中加以运用。（2）逻辑思维——逻辑思维薄弱的言语以说服别人、获得他人理解，而且理解事物的能力、运用知识的能力也薄弱，控制情感与欲望的理性的作用也会薄弱。培养这种逻辑思维有两点是重要的：一是能够明确地叙述判断与见解、解释其依据；二是能够琢磨、思考判断与见解、解释其依据的逻辑性。（3）"逻辑思维与直觉、情绪"——两者并非对立，而是相互影响、相互关联，两者并不是各自活动，而是统整地活动的，两者的关系可以转换成认知层面与情意层面。语言能力与内心世界是相辅相成的关系。所谓儿童的"内心世界"既有获得的知识，也有经过语言化了的体验——经验，也有逻辑思维、直觉、情绪的综合作用。所有这些都是个人固有的"内心世界"。语言能力在内心世界的培育中起着巨大的作用，两者不可分割、相辅相成。第二个要点是"人际沟通"。要建立诚信的、良好的人际关系就不能表面化地理解沟通。仅仅抓住同他人沟通所必需的语言运用力的部分，把语言力视为沟通力，是一种狭隘的理解。沟通是以知识与经验、逻辑思维、直觉与情绪为基础的，是在深化自身的思考中展开的，因此所谓沟通亦即"表达自己的内心世界并传递给对方，理解对方的内心世界，最终理解自身从而培育自己的内心世界"。可以说，沟通是在沟通过程中培育和深化人与人之间内心世界的行为，是受对方的内心世界的触发，从而理解并培育自己的内心世界的行为。语言能力必须是在打破学科边界的条件下培育的。语言是学习的对象，同时也是学习的重要手段。没有语言能力，学科的教学会受到影响。因为，语言是从事学习的重要手段。好的数学教学就是运用语言培育数学思考方式，运用语言加深对数量和图形的知识与理解，其结果亦即培育语言能力。社会学科、数理学科等其他学科莫不如此。语言能力原本具有通过语文学科之外的各门学科培育的一面，培育各门学科的学科素养的教学终究是培育语言能力，而培育语言能力的教学终究是培育"基础学力"。尽管如此,通过各门学科提高的语言能力,反映了各门学科的特质。各门学科既有共同的要素,也有学科独特的要素。比如,逻辑思维能力是数学教学和语文教学的要求,但它们之间有共同点和不同点,因此需要讲究学科之间的整合。语文作为培育语言能力的核心学科应当发挥愈益重要的作用。语言能力不充分,个人的成长与发展就不会充分。语言能力病病歪歪,无异于个人的成长与发展病病歪歪。要保障儿童的学力和成长,就得有各门学科教师的通力合作,致力于语言能力的培育。

(二)数理学科群:认知方略与问题解决力

从数理的角度综合地、发展性地考察和处理客观现象的态度与技能的学群科,谓之数理学科群。在数学教学中"培育数学思维的能力"与其说是授予数学的知识、技能,不如说是养成如下的数学素养:尽可能地运用数学来考察与处理现象的能力与态度;展开数学创造的能力与态度;在数学思维中养成数学的审美与数学乐趣。理科是以自然界的事物与现象为对象的学科,作为其对象的是生物与无生物。儿童通过同这些自然现象的接触,借助感官获得信息,而所获得的信息作为概念在头脑中构成网络的一部分,并形成记忆的一端。在这里,是否汲取来自外部的信息,同网络的哪一部分连接,都受到儿童既有的"前概念"的极大左右。儿童通过同自然现象的碰撞,在建构科学概念和习得探究能力的同时,也获得了情意方面的培育。一般而言,儿童的既有概念(朴素概念)是顽固的、难以变化的。要习得科学概念就得面临两难困境,探究变革概念的策略。这种策略包含了"生成""置换""拓展""修正""整合""坚守""缩小"等类型。作为理科教育的目标,最核心的本质是形成科学素养,亦即把握科学的基本概念构图,在重视直觉、发展创造性能力的同时,养成理想的科学态度,形成科学的世界观。

(三)艺体学科群:艺术表现力与鉴赏力

包括音乐、美术、体育在内的艺体学科群在应试教育的背景下往往是被边缘化的。然而音乐是古希腊的七艺之一,我国古代的《十三经·礼记》之《乐记》作为"礼乐论"也表明了音乐应当是人所必备的教养,琴棋书画可谓教养的重要表征。"音乐不是描述如何看待社会生活的语言,而是同社会现实紧紧相连的情感的比喻性表达"。音乐语言不同于语词语言,它不仅仅是一种知性的理解,而且也是一种基于情感的理解方式。美术教学的目的不是习得实用技能、熟练技法，而是在于丰富的人性的形成，由此生成美术教学本身的知识与创造性思考力、技能之类的目标，这是美术教学的价值所在。这种知识、技能不是碎片化的，而是借助系统的、结构性的习得与熟练，才可能为丰富的艺术观与世界观的形成奠定基础。在美术教学中求得自身内在感悟的表达，自然是一个创造性的过程。正因为这是独特的个性化的东西，所以同人格的形成密切相关。这种美术教学的创造性表达作用是借助于表现力——把自身内心的感悟化为可视的形态——来支撑的。这种表现大体可分为作为"心像表现"的绘画与雕刻和作为"功能表现"与"适应表现"的劳作、工艺与设计，其作品是作为儿童的经验与知识、印象与感动而能动地产生的。21世纪的艺术教学（音乐、美术、舞蹈、戏剧、戏曲、影视）则秉持其独特的教育哲学——超越"为了艺术的教育"和"通过艺术的教育"这样一种二元对立的观念，着眼于学科整合的前提，把"艺术表达""教育""认知""整合"的概念彼此融合，形成一个统整的艺术学科群的框架。根据纳什的界定，"体育是教育过程的一个侧面，是通过个体的运动冲动之运用，从神经肌肉、知性、情绪各个方面有机地发展人的功能的一种教育领域"。就是说，体育是旨在保障健康、强健体魄而系统地组织的教育活动或学科形态，拥有参与人格形成的教育功能——借助运动以及嵌入相关的体操、舞蹈的实践而展开的教育，谋求儿童身心的健全发展，同时养成终身体育的态度与能力。21世纪的学校体育面临的新课题是，如何基于运动所拥有的"六种教育学视点"——发现身体、审美体验、危机状态的经验与考验、成绩的保障、竞争与合作的社会性行为的机会，以及健康的维系与对健康的认知，来展开体育教学。

（四）STEM学科群：跨学科能力

有别于分科主义的教学传统，也不同于传统的学科群划分，近30年来美国教育界推展谓之"STEM"（科学、技术、工程和数学）的学科群。这个学科群的框架，既是分科（学科）的，又是整合（跨学科）的，也是包容（可延伸和拓展）的。诸如，STEM——包容了"艺术"（Arts）；STEMx——包容了x，这里的x代表计算机科学、技术思维、调查研究、创造与革新、全球沟通、协作等"21世纪型能力"的范畴。STEM学科群的学习活动可以开发种种的模式：或者基于一个学习领域课题的学习活动，让学生综合诸多学习领域相关的学习元素；或者通过专题研究让学生综合不同学习领域的学习元素。进入 21 世纪，STEM 进一步发展为美国课程发展的战略。"K-12 年级 STEM 整合教育"就是旨在使学生展开"问题导向型学习"，这种学习能够为学生提供运用知识的实践机会——设计、建构、发现、创造、合作并解决问题，积累"真实性体验"。STEM 瞄准的是"跨学科能力"，其整合教学的设计突出了三个要诀：其一，整合——重视整合教育的设计；其二，重建——支持学科概念的运用与重建；其三，适度——整合不是越多越好。可以说，STEM 能够为学生提供超越传统的分科教学价值的适当时机、情境和目标，代表着新时代学科教学发展的新路标。值得注意的是，这里的跨学科概念有别于融合的概念，它指的是两个学科结合的同时，又保留各门学科的特征和区别，利用各门学科不同的视角更好地求解某个问题，从而强化有意义学习。跨学科课程的框架往往是基于探究学习的五大特征设计的：一是与科学相关的问题激发及参与性；二是回答问题的重点在于列举事实；三是在事实基础上阐述解释；四是解释要和科学知识相联系；五是对解释内容展开对话、展示并验证其合理性。整个课程的框架结构包括了与各个大观念相关的探究性问题、主题分类问题、活动及总结性问题。

如果说，近代学校教育是以"双轨制"为其根本特征，那么，当代学校教育改革的方向是由两个基轴交叉而成的：一个是推进教育水准的维系与拓展的"均等化"的水平轴，另一个是追求质量提升的"卓越性"的垂直轴。如何使这种"鱼与熊掌兼得"的教育策略得以实现，也是当代学科教学发展回避不了的一个严峻挑战。显然，STEM 跨学科课程的设计可以彰显新时代学校改革的方向，为基于核心素养的学科教学发展提供广阔的视野与潜在的效能。

第六章 基于核心素养的学科教学创新

第一节 新时期课程改革思路

各学校在基础教育改革的大背景之下,在国家整体课程体系要求不变的情况下,保证基础课程的实施,积极研究开发学校课程,即校本课程。学校课程变革经历了三个不同的阶段,形成三个层次。第一层次,以课程门类为标准,学校开发一门又一门的校本课程,不断根据需要增减,形成"点状"特征和水平的课程变革。第二层次,学校会围绕自身的某一特定的办学特色或项目要求,开发相应的课程群,以满足特色的凸显和重塑。这个课程变革呈现出的是围绕办学特色的"线性"课程设计和开发水平。第三层次,有了前面"点""线"的探索与经验积累,逐渐由"点""线"连成"网"状,形成"巢"体,学校课程发展以多维联动、有逻辑的课程体系为标志,将课程、教学、评价、管理及师生的发展融为一体,这就上升到了文化建构与创生层次的课程变革。

事实是,学校课程的变革是一个不断探索的过程,是在过程中逐渐建立起来的清晰的逻辑架构,所以往往会出现层次交错的状况。目前,碎片化"点状"和大杂烩式的"点线缠绕"式学校课程变革普遍存在,具体表现为:

一是不接地气,不符合实际情况。因为没有切实的学校课程情境和实际情况的诊断与分析,往往一味借鉴与仿效,使得课程呈现出"空降式"开发,没有当地文化意识,没有本土气息,不关注学校和孩子的发展学习需求,只是为了课程而课程。

二是没有目标,盲目开发,和学校育人目标不能统合,甚至南辕北辙。因为是为了课程而课程,所以对于课程开发的意义和追求的价值并没有清晰的认识,课程建设不是基于育人目标的实现，没有树立育人的意识和目标，育人和课程，不能实现有机对接和融合。

三是缺乏逻辑性。课程开发是一个系统工程，需要有内在结构和逻辑。没有学校课程的顶层设计和整体规划，学校课程建设是简单叠加，处于散珠散点状态，没有形成整体"气候"，没有"体系"意识。课程理念和学校办学理念是两张皮，没有达成一致性，难以形成基于理念的课程设计、实施与评价之间的联结和贯通。

四是课程呈现杂乱无章。因为没有逻辑体系和架构，学校虽然开发了很多课程，但没有对课程进行合理分类，课程之间的关联性和结构性弱，随意拼凑的"课程拼盘"及杂乱无序的"课程碎片"无法发挥课程育人的整体育人效果。

五是形式固化，没有活力。课程实施需要根据课程内容及目标，采用多样化的、适合学生特点的方式。但现状是，课程实施方式往往非常单一，缺乏创新。

六是评价难度高，评价指标不明确。课程开发的随意性比较大，也源于没有课程认证的评价指标和制度。课程设计若没有明确的评价导向，实施的效果也是随意松散的，那么课程实施的局面和形势就可想而知，结果的支撑性无法保证。

七是管理松散甚至缺失。人都是基于效果的产物、利益的产物。因为没有评价指标，所以管理上也缺乏动力。国家标准的基础课程基于现实的考虑，学校对教学的管理是抓得很严格的，也有很多质量考核的监测手段与评价标准。但课程开发则不然，大多是锦上添花的东西，所以是管理的盲区，与基础课程的融合更是弱化。现实情况是，学校教师普遍没有课程意识，课程开发的能力也比较弱，更不懂如何管理课程，课程资源创设的意识也比较弱。

八是学校各课程要素之间的关联度不高。国家基础课程、地方课程与学校课程之间没有统整，学校课程建设没有考虑和基础课程的融合，没有触及课堂教学改革，课程设计与教学有效性的提升没有关联。很多老师认为这对于提高教学质量没有帮助，所以对此的认识还不深刻，甚至还颇有怨言。

这些问题在中小学校都普遍真实存在，要实施课程变革，就不能回避这些问题，而是需要直面这些问题，并深刻剖析，以求变革，顺应教育立德树人的基本诉求。教育部《关于全面深化课程改革 落实立德树人根本任务的意见》指出："中小学课程改革从总体上看，整体规划、协同推进不够，与立德树人的要求还存在一定差距。主要表现在：课程目标有机衔接不够，课程教材的系统性、适应性不强；与课程改革相适应的评价制度不配套；课程资源开发利用不足，支撑保障课程改革的机制不健全。"这些问题的出现，深刻说明了中小学基础教育课程改革的迫切性。

要解决以上问题，需要中小学在学校课程变革的过程中采取以下六大措施，以求扎实、深入推进课程变革，形成学校课程变革的架构，创生学校特色文化，将核心素养在课程中落地并形成。

一是理念上树立把学生放在课程中央的意识和价值观，关注学生的学习需求和兴奋点。以学习为中心是新一轮课程改革的出发点。找准学生的兴奋点，点燃孩子们的学习热情，满足孩子们的学习需求是学校课程变革的首要议题。学习需求是学习的动力，是影响学习品质的重要因素。学习需求在一所学校会呈现出不同的层级和范围，可以分为几类：第一类是学校所有孩子的共同的学习需求，第二类是部分学生的群体学习需求，第三类是每个特定个体的个性化的学习需求。学校如何采取合理的方式，识别、发现、回应、满足、引导学生的学习需求，促进学生发展，是学校课程发展的关键。从学生学习需求的动态发展变化过程中去分析、研究学生的学习需求，在学生学习需求的满足与不满足的动态平衡中去研究学校课程架构才有实际意义。学习需求分析是一个系统化的调查研究过程，基于学习需求分析的课程设计能有效解决课程实施中的一些问题，使课程实施真正以学生发展为本。

因为需求分层级和范围，那么哪些需求是该满足的，哪些需求不是必须满足的，哪些需求需要引导和挑战，哪些需求是眼前要解决的，哪些需求可以等到时机成熟再逐步满足，这些都是需要注意的。杜威说："教育即经验的改造。"面对孩子们的不同需求，学校要思考的是：是不是所有的经验都可以进入课程？怎样的经验具有满足孩子们学习需求的属性呢？实践证明，经验必须满足两个条件才能进入课程：第一，经验必须关注学生成长，必须把学生放在课程中央，真正促进学生的成长和发展；第二，经验必须具有连续性。具有连续性的经验经过精心设计、改造变成课程之后，能够很好地体现课程的逻辑结构和心理结构的有机统一，满足学生学习的需要，聚焦孩子们的生长点。

二是规划上构建具有学校独特个性的课程体系，形成"课程图谱"或"课程坐标"。学生未来能走向更丰富的世界，拥有更丰富的人生体验，人性更为丰满，一定程度上有赖于小时候的见识。而丰富的课程比单一的课程显然更有利于孩子们的人性丰满。课程如果只是一本书，孩子们就只可能成为书呆子；课程如果是一整个世界，孩子们就是驾驭世界的舵手。课程具有无限延展性，可以连接生活、连接活动、连接管理以及一切可能的因素。为此，每一所学校在致力于建构自己独特的"课程图谱"或"课程坐标"的时候，要考虑到相应的立体架构，形成可塑性强的一个蓝本。在横向上，将学校课程按照一定的逻辑进行合理的分类；在纵向上，将学校课程按照年级分为不同层级，形成一个适应不同年龄阶段孩子的课程阶梯。横向上课程的分类，可以满足孩子们对世界不同奥秘的把握，形成相对完整的概念；纵向上的先后层级，则满足不同年龄和接受水平的孩子从简到繁、从已知到未知、从具体到抽象的认知过程，符合认知上的整体连贯的规律。具有严密的课程"肌理"有利于使每一位老师看到自己在学校课程图谱中的位置，使每一个家长更清晰地知道自己的孩子在学校将学习什么，未来将发生什么，学校将把孩子们引向何方……

三是在课程实践上强调体验，设计体验参与式的课程。真正的学习应该是"具身"的。也就是说，只有个体亲身的经历和体验才称得上是学习，学习是别人无法代替的。课程从本质上说就是一种经验。换句话说，课程就是让孩子们体验各种经历，并由此将知识以及其他的各种可能转化为自身的经验，实现自身的"细微变化"。尊重"具身"学习的课程应该突出孩子们在课程设计、实施与评价中的主体地位，让他们在课程中释放激情，还应该从孩子们的角度出发设计课程，以孩子们喜欢的方式实施、评价及管理课程。让课程不是外在于孩子们的，不是与他们相背离的，而是由他们一起来设计、来实施、来评价，不断丰富课程的内容，创新课程的形式。我们追求"知识就是力量"，就应该相信"具身的知识比离身的知识更有力量，能够勾连起想象力的知识比无想象力的知识更有力量，有繁殖力的知识比无繁殖力的知识更有力量，成体系的知识比碎片化的知识更有力量，被运用的知识比没有得到运用的知识更有力量"。以学生为中心的课程实施，学习方式不仅仅是概念化的"自主、合作、探究"，或者不一定是固化的几种常见的"自主、合作、探究"形式，但凡孩子们生活世界里精彩纷呈的、活跃异常的做事方式，均可能成为课程实施的方式，比如行走学习、指尖学习、群聊学习、圆桌学习、众筹学习、搜索学习、聚焦学习、触点学习等等，不一而足。实践、对话、沉浸、互动、参与、体验，但凡能使孩子和自己、和他人、和周围产生连接的方式，都是课程实施可以采用的极为重要的方法。

四是课程发展上，让关联和整合成为课程实施的常态，跨界是学习的基本特征。强调关联和整合的课程实施要以学科的独立性为前提对课程内容进行多维、多向的组织和连接。打破学科之间的壁垒和固有界限，找出课程要素之间的内在联系，关注知识的应用而不仅仅是知识形式，强调内容的广度而不仅仅是深度。使课程回归到生活的原始景象，课程的内容没有边界，学生的学习没有边界，教师的教学也没有边界，"教育即生活"。在整合的基础上，加强各个学科之间、课程内容和个人学习需求之间、课程内容和校外经验之间的广泛联系，改变学生的学习方式，影响学生的学习习惯，跨越学科界限，进入到无边界的学习之中。

课程整合通常有两种方式：第一种是以学科为圆点和核心，根据知识的内在逻辑联系而进行的多维度拓展和延伸；第二种是以特定资源为主题，根据学习者的兴趣或经验，以加强学生与社会生活的多学科、多活动的关联与整合的聚焦式整合。在此基础上形成基于网状的、丰富的知识结构，淡化了学习边界的"跨界学习"课程，这既顺应了时代趋势和社会需求，又有利于学生创新思维的培养。

打破学科壁垒的"跨界学习"的教学特征会体现在以下几个方面：第一，在教学目标的确立上，更注重知识的拓展与整合，知识综合运用能力、探究能力的培养。情感态度的维度则更注重人与人之间的连接，具有很强的生成性，让学生充满生命活力，懂得生活的意义。第二，在教学内容的选择上，不再局限于系统化的单一学科知识，转而高度重视各学科间的知识联系，以及学生本身的生活体验。选择有"具身学习"条件的内容，更加注重学习个体生命的独特性、整体性和对"实践境遇性"的尊重。第三，在师生关系上，形成平等共生的相对扁平的关系，教师成了"学生的教师"，学生则为"教师的学生"，双方都处在关系中，所有的教学活动师生共同参与、平等交往，交互影响，实现价值。第四，是在教学评价上，评价的内容更加丰富。教学结果不只是重视知识和能力，更加强调教学中的人文因素，重视评价者与被评价者的主体参与，评价主体与评价客体之间的相互建构。

强调关联与整合的课程是一幅"微缩景观"图，可以看到完整的浓缩的世界图景，富有统整感，强调多维联结与互动。因此，不论是学科课程的特色化拓展，还是主题课程的多学科聚焦，都应尽可能回到完整的世界图景上来，努力将关联性和整合性演绎得淋漓尽致，让孩子们领略世界的完整结构。

五是课程管理上，落实课程的保障条件，营造课程氛围，自觉生成学校文化。一定意义上，课程是一种文化范式。在学校文化的创生上，可视化的课程条件保障，可触可感可嗅的课程氛围，少不了空间的学习化和主题活动仪式化。"让每一面墙壁都说话"，是构建学校空间的"意义结构"，也是诠释"空间即课程"的深刻内涵。将办学理念视觉化、具象化，充分展示一所学校的文化气质；办学特色场馆化、课程化，让办学特色成为课程美学；教室空间资源化、宜学化，让每一间教室都释放出生命情愫；图书廊馆特色化、人性化，让沉睡的设备设施得以唤醒；食堂空间温馨化、交流化，让吵嚷的空间浸润素养；楼道空间活泼化、美学化，让孩子们转角遇见另一种美……重塑空间价值观念，提升空间课程领导力，使物理空间释放出教育能量，物理设施、学习资源、技术环境、情感支撑、文化营造等有限空间得到"无限"突破，成为课程深度推进的生命空间。主题活动仪式化，则是"让某一天与其他日子不同，使某一时刻与其他时刻不同"。心理学家荣格说："正常的身心需要一定的仪式感。"学校精心准备、周密策划，充分发挥全体师生甚至家长的智慧和才干，开发具有艺术、美感、趣味等元素的主题活动日，让孩子们在浓郁的课程文化浸染中体验"让生活成为生活，而不是生存"的美好而丰富的校园生活。

六是在课程效果检验评价上，坚守"教育即解放"这一原点。每一个孩子对世界的认知都不一样，课程就是要认可每一个孩子的生命体验，并尊重他们的选择和体验。课程要依据孩子的不同实际，开发适合他自己的独特的生命图景，呈现出独特的生命气象，让课程真正回归儿童，聚焦儿童的成长与发展。

第二节 基于核心素养的学科教育创新机制

一线教师应该在"核心素养—课程标准（学科素养/跨学科素养）—单元设计—学习评价"这一连串环环相扣的链环中聚焦核心素养展开运作。

（一）基于学生核心素养的课标分析

课程是学校教育的基础，课程标准是指导学校教育的基本准则。学生发展核心素养建构旨在推动教育教学改革，实现这一目标首先需要将核心素养纳入并深化到课程改革的过程中去，尤其是融入新修订的课程标准中。

核心素养融入课程标准，首先要重新梳理课程标准的基本框架结构。根据国际课程改革的经验，现代课程体系一般包括四个部分：一是具体化的教学目标，即描述课程教学所要达到的目标，需要落实培养学生哪些核心素养；二是内容标准，即规定学生在具体学科领域应知道和掌握的知识技能等；三是教学建议，也称"机会标准"，即为保障受教育者的学习质量提供的教育经验和资源，包括课堂讲授内容的结构、组织安排、重点处理及传授方式，还有学校公平性、教育资源的分配、学习环境的创设等；四是质量标准，即描述经历一段时间的教育之后，学生在知识技能、继续接受教育、适应未来社会等方面应该或必须达到的基本能力水平和程度要求。

在课程标准中贯彻核心素养的要求，主要涉及三个方面。第一，具体化的教学目标一定是体现学生发展核心素养的教学目标。每一门学科需要根据本学段学生核心素养的主要内容与表现形式，结合本学科的内容与特点，提出该学科实现本学段核心素养的具体目标，同时要体现本学科特色。第二，内容标准和机会标准是促进学生形成核心素养的保证。各学科需要结合本学科、本学段的学生核心素养要求来安排学科知识，并且要根据素养培养目标和学科内容特点提出有针对性的教学建议，以促进学生核心素养的形成。第三，质量标准是学生核心素养在学业上的具体体现。学生核心素养可以为衡量学生全面发展状况提供评判依据，通过核心素养与质量标准的紧密结合，可以更加有效地指导教育教学实践，结合了内容标准后还可以用来指导教育评价，监测学生核心素养达到的程度，并最终促进学生核心素养的形成和发展。

我们对照义务教育的19门课标，高中阶段的16门课标，能够看到教育的现状和问题。现状是：体现了"能力为重"的指导方针；重视工具性的素养；重视知识、技能、态度、价值观等方面对学生提出的全面要求，尤其是重视实践素养以及主动探究问题、解决问题的能力等素养。但是我们在课标中也看到了问题：缺乏对素养的明确的界定、系统的阐述；对跨学科的素养相对忽视；论述的核心素养往往与课程的内容相脱节，课标归课标，素养归素养。

我国现行课程标准中缺乏核心素养方面的内容，导致教育能力本位与知识本位的混淆，重视对于课程内容的诠释，注重学科知识体系的科学性和完备性。我国课程标准当中完备的知识结构和内容从易到难循序渐进的结构安排被欧美教育学者称道，认为这是中国中小学生有良好的基础知识的原因。然而，由于我们的课程标准是以学科知识为导向，追求知识体系的科学与完整，内容往往为脱离现实生活的较为抽象的学科知识，而没有以培养学生相应的学科能力为核心组织课程内容。学生在学习过程中，面临的常常是抽象的知识世界，难以将抽象的知识和现实世界发生联系，许多时候无法运用学过的知识解决现实生活中出现的问题。要解决学生现实世界和知识世界的冲突，首先要打破课程标准内容设置的思路，以促进学生全面发展为导向，以培养学生核心能力和素养为主线，安排学科知识内容。

（二）基于核心素养的学科教育革新

1. 意识领先：核心素养提供教学变革的新视角

在一定程度上，知识本位教学能够在较短的时间内通过课堂讲授的方式使学生习得大量的知识内容，具有高效性及对教学情境的要求较低等特性。但其弊端也很明显：首先，知识的学科化分类和箱格化管理，打破了知识之间的内在关联，削弱了知识的育人功能；其次，知识仅仅作为客体呈现出来。作为应对瞬息万变、复杂多元的信息化社会和未来情境的关键能力，核心素养旨在提高学生应对复杂情境，并善于发现、分析和解决问题的能力。学生核心素养的培育不仅需要课程改革的全面深化，更离不开教学改革的有效介入，尤其是教学理念、教学方式、教学评价与教学情境等的现代转型，进而才能够推进学生核心素养的培育从理念走向实践，真正提升学生的综合素质。

老师们要深刻理解当前基础教育的课程改革中，首先应该加强和深化教育改革，要坚持立德树人的导向，教育部的顶层理念就是强化学生的核心素养。只有老师对核心素养理解到位了，才能主动探索促进核心素养生成的教学方法，才能将核心素养促进教学实践的功能真正发挥出来。

2. 理念转向：从知识本位教学走向素养本位教学

知识本位教学强调知识在教学活动中的核心地位和主导价值，通常根据知识的性质、领域等进行分类，并以学科化的形式进行系统呈现。分科教学是知识本位教学的现实呈现。知识在学生的大脑中短时存储，并未与主体的认知、情感、品格等建立有机联系，随着时间推移，其价值会不断弱化。另外，学生是作为整体的、完整的、个性化的人而存在，箱格化的知识及其教学通常将学生形塑成"单向度的人"，缺乏"综合型智能"，使之在复杂的情境中显得捉襟见肘。

素养本位教学的实质是学生本位的教学。核心素养是基于学生终身发展和适应未来社会的基本素养建立的，而非基于学科知识体系建立。学生的问题解决能力、创新精神、社会责任感等方面的素养不是仅靠某一个学科就能够培养的，而是需要借助多学科、多种知识和多种能力的共同作用。核心素养推动的课程和教学改革，从人的跨学科能力出发，有利于打破学科界限，促进学科融合，共同培养全面发展的人。通过对学生核心素养的培育，提升学生面对复杂情境和解决问题的综合能力，并形成现代公民所应具备的素质与品格。素养本位教学将学生视为整体的人而存在，在教学过程中通过精选主题、创设问题、营造情境，将分科化的知识进行有机整合和融通。

从国际经验来看，日本和我国台湾地区都是将学生核心素养的具体指标直接分解到不同的学科之中，特别强调跨学科的统整性，既可以明确地看到如何通过不同课程的合力共同培养出学生的核心素养，也可以看到不同课程在培养学生核心素养方面的侧重。特别应该注意的是，素养本位的教学是以整合各个学科共同培养学生的核心素养为宗旨，需要重视学科融合的思想、摆脱分科解构的思路，否则容易导致各学科抛开总的核心素养框架，各搞各的学科核心素养，从而把学生核心素养拆解为一个个与学科特定内容直接挂钩的零散部分，"各门学科之间的边界不应当是刚性的、僵化的，而是软性的、互通的。超越了这个底线，无异于否定了核心素养本身。一个严重的后果是容易导致分科主义思潮泛滥"。这样核心素养就变了质，发挥不了促进学生全面发展及学科整合的作用。

3. 方式变革：从课堂讲授走向合作探究

"教学方式具有三层意蕴：一是从表层视角看，表现为具体的策略和方法，如讲授式教学、探究式教学以及合作式教学等；二是从中层视角而言，体现为教学的思维方式，如思辨演绎式、实证归纳式、预设式以及生成式；三是从深层视角上说，则是指教学的本质观，涉及教师观、学生观、知识观、学习观以及时空观等"。

多年来我国一线教师大多满足于"课时主义"，并不理会"单元设计"。然而在"核心素养—课程标准—单元设计—学习评价"这一环环相扣的教师教育活动的基本链环中，单元设计处于关键地位。离开了"单元设计"的课时计划归根结底不过是聚焦碎片化的"知识点"教学而已，因为教学的"三维目标"往往是跨课时乃至跨学期、学年的，不可能在一节课时里面得到实现。

教学中的"单元"是基于一定的目标与主题所构成的教材与经验的模块或单位，大体分为以系统化的学科为基础所构成的"教材单元"（学科单元）与以学习者的生活经验作为基础所构成的"经验单元"（生活单元）。在日本教育家佐藤学看来，可以把"单元设计"概括为两种不同的单元编制："计划型课程"的单元编制是以"目标—达成—评价"方式来设计的；"项目型课程"的单元编制是以"主题—探究—表达"的方式来设计的。后者的单元设计将成为世界课程发展的主流。从这个意义上说，抓住了单元设计，就抓住了撬动整个课堂转型的一个支点。

我们鼓励教育研究者和教师开发更多促进学生核心素养生成的教学模式，基于核心素养改善教师教学方式。无论是传递知识、开拓思维、组织活动还是互动交流，教师在设计和组织教学时要将传统的"以知识点为核心"的教学观念，转变为"以核心素养为导向"的教学。这需要在以下三个方面下功夫：第一，由"抽象知识"转向"具体情境"，注重营造学习情境的真实性。真实世界中的问题情境往往更加复杂多元，教师在教学中需要注意把抽象问题与真实情境相结合，为学生创设能够利用所学知识解决真实问题的机会。第二，由"知识中心"转向"能力（素养）中心"，培养学生形成高于学科知识的学科素养。通过学习学科知识，学生的智能、品德、价值观都打上了学科的烙印，这个过程就是学科素养形成的过程。"每个学科对学生的发展价值，除了一个领域的知识，应该能够提供一种唯有在这个学科的学习中才可能获得的经历和体验，提供独特的学科美的发现、欣赏和表达能力"。第三，由"教师中心"转向"学生中心"，促进学生主动学习和合作学习的意识与能力。

合作教学呈现出以下特点：一是目标明确。它以特定的主题为中心，通过问题导向，使得整个教学过程围绕特定的中心展开，而不游离于教学主旨。二是突出学生的主体作用。无论是教学材料的准备、学习方案的设计，还是合作过程的展开，教师通常扮演着引导者的角色，学生主导和推动着教学过程的展开。三是强调合作能力和协商精神的培养。合作教学的核心即是通过生生合作、师生合作促进问题解决，完成教学任务。在这个过程中，学生的合作意识得以萌生，合作技巧得以掌握，合作精神得以养成。

探究教学蕴含五大要素：情境、问题、假设、验证、结论。五大要素互相作用，具体指：第一，学生要有一个真实的经验情境——对活动本身感兴趣；第二，在这个情境内部产生一个真实的问题,作为思维的刺激物;第三,学生要充分借助知识资料,从事必要的观察,对付所提出的问题;第四,学生必须负责有条不紊地展开他所想出的解决问题的方法;第五,学生要有机会通过应用检验他的观念,使这个观念意义正确,并且让他自己知道是否有效。

因此,提高学生学习的主动性就是要把教学中心由"教"转向"学"。教师的重要作用体现在激发学生的学习兴趣、引导学生自主学习和培养学生合作学习意识之上,从而达到教育的最终目标——培养学生具有终身学习的能力。开展"以学生自主活动为主"的课堂教学,不仅要求教师让学生独立自主地进行探究,更重要的是要求教师以学生学习为主线,关注学生问题生成、实践、操作、思维转化、问题解决的全过程,指导并促进他们由浅入深、由表及里地进行学习探索,进而形成独立思考、实践和学习能力,而不仅仅是放手让学生自学。

4. 评价转型:从单一性评价走向综合型评价

综合型评价秉持多元视角和全息思维,主张对教学活动进行多维度、立体化的整体性评价。学生核心素养推进了教育结果导向的教育改革。"关注学生全面发展"的教育质量观给教育质量评估领域带来了机遇和挑战。可以说,学生核心素养研究不仅催生了教育评价理念的改革,还为教育评价内容和指标的确立提供了重要依据。

首先,从评价目的而言,综合型评价的核心在于通过对教学过程,尤其是学生学业成就的诊断,为教学改进提供反馈信息,进而更好地培养学生核心素养。

其次,从评价内容而言,需要建立基于核心素养的学业质量标准,依据学业质量标准进行评价。核心素养是学生适应个人终身发展和未来社会发展所需要的必备品格和关键能力,它必然是相对宏观且宽泛的素养。学业质量标准则主要界定学生经过一段时间教育后应该或必须达到的基本能力水平和程度要求,是学生核心素养在具体学段和具体学科中的体现。学业质量标准是核心素养与课程内容的有机结合。

再次,从评价对象来看,综合型评价不仅关注学生知识与技能的掌握情况,而且更加注重对学生的交往与协作能力、实践创新能力等核心素养的监测与诊断。

然后,从评价主体来讲,综合型评价主张外部评价和内部评价相结合,改变教师和学生长期以来作为评价客体的异化现象。

评价是当前各国课程改革中的一个重要议题,由于对基于结果的问责的强化,学校、教师和学生需要接受大量的外部评估。但在这种外部评估中存在一个问题：评价与课程相互之间存在脱节，也就是说评估所依据的标准与课程标准相脱离。这给教师的教学带来了混乱——应该按照课程标准还是评价标准来进行教学？为了获得更高的评价结果，教师往往按照评价标准来进行教学，使得评价标准代替了课程标准。这就是所谓的异化。

最后，从评价方法来说，综合型评价强调从多个方面搜集参评数据，并进行系统分析，是一种循证性教学评价。通过表现性评价、过程性评价、发展性评价、教育性评价和结果性评价等的有机结合，对学生发展的核心素养进行较为全面、客观的评价，进而为学生核心素养的培育提供反馈信息和改进依据。目前，许多新的评价方法逐渐应用到对学生的综合素质能力的评价当中，总的来说，进行学生学业能力和素养的评价主要有以下两大类方法：一类是基于大规模测试的评价方法，包括学生学业成就测验和相关的问卷调查，前者主要依照学业质量标准对学生学业成就进行考查，后者可以对学生的学习兴趣、身心状态、情感态度及价值观等方面进行测查。另一类是基于日常数据积累的评价方法，主要包括观察法、表现性评价、成长记录袋等方法。对于学生的创新意识、审美修养、身体形态机能、好奇心、求知欲、潜能发展等在大规模纸笔测试中较难准确获取的信息，可以通过行为观察、情景测验、学生成长记录袋等质性评价方法更好地获得。当然，除了这些方法，探索其他更多行之有效的质性评价方式，并且有效利用评价结果，仍是当前需要深入研究和探索的重要课题。

5. 情境创生：从独白式情境走向复合式情境

应根据学生的身心发展特征，结合课堂环境实际，遵循美育原则，营造温馨、和谐、宁静并富有教育性的课堂时空环境，进而形成良好的心理氛围。

心理环境的营造：一是安全、自由。营造师生互动、有效对话的良好氛围。允许有辩论、质疑、模拟、案例、实践的课堂。给予学生思考的时间、空间和方法，提升思维能力。要注意多科联动，开设相关的校本课程，促进学生逻辑思维能力的发展。教师要努力创设宽松的氛围，给学生独立思考、主动质疑的时间和空间，珍视学生独特的感受；要为提高学生思维能力提供有针对性的指导方法；要让学生学会积极分享，表达自己的想法，敢于对教师、同学的观点给予合理质疑。二是时间保证。合理安排教学进度，保证学生在各个领域的学习和充分体验，同时要重视实际操作类的教学活动设计和学生的有效参与。以高中思想政治为例，此次课标修订就明确指出要拿出 1/3 的课时，通过实践活动的方式来开展教学，让学生真正接触社会，在亲身体验中形成所期望的素养。

在教学过程中，需要根据教学目的和教学内容，有意识地创设问题情境，激发学生的学习兴趣，培养学生的质疑意识、协作能力、探究能力和实践创新精神。

教学要回归生活世界，在教学过程中，要有目的地创设生活情境，想方设法激发学生对自身经验的调取、迁移和应用。通过实物、视频等多种手段，展示实验现象与事实，增加学生的体验，比如以图画再现情境、以音乐渲染情境、以表演体会情境、以实物演示情境。还可以多走进课外教育场所，让学生感悟社会、体验生活、品味人生，进而培养学生积极的生活态度、社会情感、人生观和价值观。

创造课堂中的思维文化：允许辩论、质疑、模拟、案例、实践。

一切学科能力都要以概括能力为基础。每个学科能力的提高都应该有思维品质参加。要全面了解五种思维品质：思维的深刻性、思维的灵活性、思维的创造性、思维的批判性、思维的敏捷性。

6. 教师转化：加强对教师专业发展的引领

促进教师理解核心素养是关键。教师是教学的具体实施者，在学生核心素养的发展过程中扮演着转化者的重要角色。如果广大一线教师不能领会核心素养的理念或者理解不够深刻，就难以将这些观念贯彻到教学当中。在核心素养指标体系确立后，要想真正将其落实到学校教育中，教师的转化作用是不可忽视的。为了将核心素养融入实际的教学过程中，需要加强对教师专业发展的引领。

（1）研制并建立通用的教师能力和资格标准

教学是教与学的结合，是教师和学生组成的学习共同体。学生发展核心素养是顺应新的社会发展而产生的，这个学习共同体当中的教师应有的专业技能也悄然发生了变化。基于学生发展核心素养，研制相应的教师通用能力和标准，是促进教师专业发展，提高教学转化效率的重要举措。这里的通用教师能力，也可以认为是教师核心素养，包括学科素养、教学素养、数字化素养、学会学习、人际关系、跨文化和社会素养、公民素养、创业精神、文化表达等。

（2）研制基于核心素养的教师培训指南

配合学生发展核心素养的颁布以及新课程标准的修订，需要抓紧研制教师培训和专业发展指南。只有促进教师对核心素养的理解，鼓励他们探索促进学生核心素养生成的教学方法，才能将核心素养促进教学实践的功能真正发挥出来。

参考文献

[1] 刘云杉. 自由的限度：再认识教育的正当性 [J]. 北京大学教育评论，2016（2）：27-62.

[2] 中国社会科学院语言研究所词典编辑室. 现代汉语词典（第6版）[Z]. 北京：商务印书馆，2012：1241.

[3] 柳夕浪. 从"素质"到"核心素养"——关于"培养什么人"的进一步追问 [J]. 教育科学研究，2014（3）：5-11.

[4] 师曼，等.21世纪核心素养的框架及要素研究 [J]. 华东师范大学学报（教科版），2016（34）：29-37.

[5] 蔡清田. 核心素养在台湾十二年国民及基本教育课程改革中的角色 [J]. 全球教育展望，2016（2）：13-23.

[6] [英] 雷蒙·威廉姆. 关键词：文化与社会的词汇 [M]. 刘建基，译. 北京：生活·读书·新知三联书店，2005：17，515，153–154，141–142，101–104.

[7] 联合国教科文组织. 教育——财富蕴藏其中：国际21世纪教育委员会报告 [M]. 北京：教育科学出版社，1996：10.

[8] 潘光旦. 完人教育新说 [A]. 潘光旦. 潘光旦文集（第2卷）[C]. 北京：北京大学出版社，1994：61，63，62.

[9] [英] 雷蒙·威廉斯. 文化与社会：1780-1950[M]. 高晓玲，译. 长春：吉林人民出版社，2011：8，23，132，28，128，185，71，91.

[10] 钱穆. 现代中国学术论衡 [M]. 北京：九州出版社，2012：169.

[11] [英] 亚当·斯密. 国富论 [M]. 郭大力，王亚南，译. 上海：上海三联出版社，2009：281-282.

[12] [英] 约翰·亨利·纽曼. 大学的理念 [M]. 高师宁，等译. 贵州：贵州出版集

团，2006：3，154-155，156，22.

[13] [古希腊] 亚里士多德. 政治学 [M]. 吴寿彭，译. 北京：商务印书馆，2014：64，416，399.

[14] [西班牙] 奥尔特加·加塞特. 大众的反叛 [M]. 刘训练，等译. 长春：吉林人民出版社，2011：108-109，66.

[15] [美] 罗伯特·K·默顿. 社会理论和社会结构 [M]. 唐少杰，等译. 南京：译林出版社，2006：8，349.

[16] [德] 尼采. 论我们教育机构的未来 [M]. 周国平，译. 南京：译林出版社，2012：30，31，81，31-32，80，71，43-46，30，80-81.

[17] [美] 约翰·S·布鲁贝克. 高等教育哲学 [M]. 王承绪，等译. 杭州：浙江教育出版社，1987：81.

[18] [美] 施特劳斯. 自由教育 [A]. 刘小枫. 古典传统与自由教育 [C]. 北京：华夏出版社，2005.

[19] 崔允漷. 追问"核心素养" [J]. 全球教育展望，2016（5）：3-10.

[20] [德] 雅斯贝尔斯. 什么是教育 [M]. 邹进，译. 北京：生活·读书·新知三联书店，1991：31.

[21] [德] 赫尔巴特. 普通教育学 [M]. 李其龙，译.2015：133，8，107.

[22] [美] 欧文·白璧德. 文学与美国的大学 [M]. 张沛，等译. 北京：北京大学出版社，2004：66.

[23] [英] 肯尼思·约翰·弗里曼. 希腊的学校 [M]. 朱镜人，译. 济南：山东教育出版社，2013：156.

[24] [美] 布鲁姆. 巨人与侏儒 [M]. 张辉，等译. 北京：华夏出版社，2003.

[25] [美] 迈克尔·霍恩，希瑟·斯特克. 混合式学习 [M]. 聂风华，徐铁英，译. 北京：机械工业出版社，2015：6.

[26] [丹] 伊列雷斯. 我们如何学习：全视角学习理论 [M]. 孙玫璐，译. 北京：教育科学出版社，2014：12.

[27] 娄华英. 跨界学习：学校课程变革的新取向 [M]. 上海：华东师范大学出版社，2018：6.